Poutine, copycat d'Hitler

par Inconnu Soldat

Les éditions des Sans-voix

Autres titres des éditions des Sans-voix :
Greta Thunberg ou L'impossible Jeanne d'Arc et l'apothéose des tartuffes, *Inconnu Soldat (Albert Scientis)*
COVID-19 Hommage(s))à la France et aux Français, *Albert Scientis*
Raoult : Fin de partie HYDROXYCHLOROQUINE du mensonge scientifique à la vérité populiste, *Inconnu Soldat*
L'Affaire Branlo, *le Vengeur masqué*
COVID-19 Et si nous illustrions et analysions cette épidémie de coronavirus ?, *Inconnu Soldat* (gratuit)
Apple, empoisonnée la pomme ?, *Malum*
Propos d'Onfray - Occident et Islam(isme), *Inconnu Soldat*
Gilets jaunes l'imposture, *Inconnu Soldat*
Macron ou l'insoutenable légèreté du paraître, *Imhotep*
#chassealhomme, *Néandertal*
Les éditions des Sans-voix donnent la parole à ceux qui ne l'ont pas et privilégie le contenu à la personnalisation quand on sait que l'attaque ad hominem est un moyen de dénigrer la thèse défendue et lorsque les menaces sont réelles.

Autres titres des éditions Ecrivains & Ecrits :
la traversée des états humides, *Olivier Schatzky*
Dans la gueule du rêve, *Olivier Schatzky*
antérieurement publié en 2005 sous le tire Cap Croisette *par les éditions du Rocher.*

ISBN : 9798840181386

Poutine, copycat d'Hitler

Avertissement

Avant toute chose, avant toute ligne, il est absolument inconcevable de passer à côté du fait même de la tragédie que subit le peuple ukrainien. Quel que soit ce qui va suivre, quelle que soit la froideur des mots, l'insensible écriture de chiffres, nous devons avoir constamment à l'esprit que ce qui est écrit n'est pas que de l'encre sur du papier, mais le reflet e situations insoutenables, de l'horreur absolue, de vies à peine écloses qui s'en sont allées, de mutilations, de désolation, de destructions qui ne peuvent que broyer le cœur même des plus insensibles. Il faut aussi réfuter absolument au préalable les excuses relativistes, celles qui expliquent que d'autres, ailleurs, en d'autres temps, ont fait pire.

Le 22 février 2022 (22/02/22), après l'intervention de Joe Biden annonçant des sanctions contre la Russie, il y avait un débat sur France Info TV *auquel participait une journaliste de l'hebdomadaire* Le Point, *dont on ne peut pas dire qu'il, cet organe de presse, soit d'extrême droite ou d'extrême gauche, journaliste spécialiste de politique internationale. Ce livre provient d'une réaction de colère à l'encontre d'une de ses déclarations qui démontre à quel point la propagande de Poutine a réussi à coloniser les esprits en profondeur. Les faits, vos yeux mêmes, ne suffisent plus à la vérité. Les paroles, les mots l'emportent. Ce fut déjà le cas dans l'affaire de cornecul de Benalla. Il a suffi qu'un déclaré journaliste, éphémère candidat aux élections législatives (LFI) de 2022,* en retrait à cause d'accusation d'agression sexuelle, hurle dans une vidéo : « regardez il le tabasse », alors que les images ne montrent que la mise au sol, sans douceur certes, mais de façon brève sans aucun passage à tabac, d'un homme (ultérieurement condamné pour une violence antérieure commise par lui) qui avait fait acte de violence à l'encontre de la police, ce qui avait fait intervenir **illégitimement** Benalla, pour que ces paroles déclenchent une vérité alternative. Donc les mots ont cette efficacité performative que mêmes les faits ou la constatation visuelle ne peut modifier. La vérité est masquée par le discours. Cette journaliste a donc sorti, elle la spécialiste internationale (peu importe son nom, peu importe qui elle est, ce qui compte c'est le fait en lui-même qui est caractéristique de cette dérive), une énormité que personne sur le plateau n'est venu démentir tant la propagande infuse est efficace. En gros elle a déclaré que l'on pouvait comprendre que la Russie pût se sentir menacée car **elle avait un revolver sur la tempe**. Le revolver étant dans la main de l'OTAN qui aurait le doigt sur la queue de détente. Ce livre va démontrer l'énormité de cette affirmation, le processus qui a amené cette journaliste à la proférer et essayer de montrer quelles sont les conséquences de la colonisation des esprits quand bien même ces esprits ont devant leurs yeux une vérité totalement autre, conséquences qui, ici, sont la guerre avec toute l'atrocité qui en découle. Le fond du livre qui avait été commencé tout de suite, n'est pas modifié par l'entrée en guerre le 24 février de la Russie à l'encontre de l'Ukraine, mais complété par ce que révèle cette guerre qui s'y déroule. Cette invasion, et tout le discours qui l'environne, ne font que, très tragiquement, démontrer le bien fondé de ce texte. Et les massacres des civils des villages autour de Kyiv, révélés début avril, horrifiants, ne font que confirmer la cécité du monde occidental - du moins une partie de ce monde, les conscients restants inaudibles et même maudits - devant ce qui était su, que Poutine, soutenu par une partie de son peuple, n'est qu'un psychopathe sanguinaire comme l'avaient révélé les destructions de Grozny et d'Alep.

Poutine, ***copycat*** d'Hitler
et
Ses **inconscients** complices occidentaux

Une partie de ce livre au travers de son développement prouvera comment par ses théories, ses méthodes et comportements, nous pouvons considérer que Poutine est le ***copycat*** d'Hitler, aux actes soutenus par une propagande ahurissante.

Prenez seulement quelques éléments comme :

- la race pure et supérieure aryenne
- la détestation des juifs sous-peuple, déchet de l'humanité
- faux prétextes d'invasion d'un pays responsable de tous les maux
- constitution d'un empire dominateur
- anéantissement de toute opposition
- strictement aucun respect de la vie (qui n'a aucune valeur)
- propagande effrénée
- glorification de l'uniforme et d'une armée qui se doit d être surpuissante
- police politique
- nationalisme exacerbée
- *Lebensraum* (espace vital)
- invention d'un historique fantasmé et réécriture de l'histoire
- embrigadement de la jeunesse

remplacez les par :

- le peuple russe, pur et supérieur, issu de la race salve supérieure
- la détestation de l'Occident et ses démocraties, sous-populations de drogués et de dégénérés décadents
- faux prétextes d'invasion de pays responsables de tous les maux
- constitution d'un empire dominateur
- anéantissement de toute opposition

- strictement aucun respect de la vie (qui n'a aucune valeur)
- propagande effrénée
- glorification de l'uniforme et d'une armée qui se doit d'être surpuissante
- police politique
- nationalisme exacerbée
- *Lebensraum* (espace vital complété ici par un glacis entourant la Russie)
- invention d'un historique fantasmé et réécriture de l'histoire
- embrigadement de la jeunesse

Depuis près de trente ans, depuis que l'URSS a explosé, Poutine mène un combat à long cours pour rétablir un empire au centre duquel l'homme russe serait l'aboutissement de l'humanité. L'anéantissement de l'URSS a été un choc sans précédent pour ce chef du KGB de l'Allemagne de l'est. Au départ, au tout départ, il est parfaitement incompréhensible que qui que ce soit de sensé, de rationnel, de neutre dans ses positions politiques - au sens de ne pas avoir d'aprioris - ait pu donner la moindre confiance à un homme ayant appartenu à une des pires organisations que l'homme ait pu inventer. Une organisation sans aucun scrupule, sans aucune règle, sans aucune conscience pour laquelle meurtres, tortures, déportations étaient le pain quotidien. Poutine avait déjà du sang sur les mains jusqu'aux coudes. Comment journalistes, hommes politiques, chefs d'état ont-ils pu depuis son accession au pouvoir lui faire confiance ? C'est un mystère douloureux. On a l'impression que tous ont réagi comme un chien que son maître bat comme plâtre et qui revient quand même vers lui espérant que ce n'est qu'un débordement passager. Poutine est congénitalement mauvais. Mauvais en soi, mauvais pour l'humanité. Personne ne devait lui faire confiance. Jamais. Et à chaque évènement qui ont démontré son caractère, sa volonté de toute puissance, son cynisme absolu, ses mensonges perpétuels, ses faux arguments, chaque fois que les faits n'ont fait que renforcer le constat de l'immonde de ce personnage, chaque fait n'a pas déclenché le moindre éveil jusqu'à cette guerre en Ukraine qui est non la première mais la seconde. Pire ou pis, c'est que la propagande d'une efficacité inimaginable a fait que l'on a voulu négocier, et que l'on a accepté d'être considéré comme responsables, nous, du mal que lui a fait au monde. Cette inversion de la vérité est assez atterrante et désespérante. Les propos de cette journaliste en sont un des exemples les plus frappants.

Nous pouvons considérer qu'il y a plusieurs catégories de soutiens occidentaux à ce monstre. Il y a ceux qui détestent les USA, l'Occident, ceux qui confondent brutalité et force, ceux qui pensent que tout se vaut. Ce livre ne parlera pas principalement des complices conscients que sont les Le Pen, Zemmour, Mélenchon, de Villiers, Mariani et autres sous-barons de la politique. On parlera un peu de ceux qui sont conscients des mensonges, des faux prétextes et qui soutiennent Poutine pour toutes sortes de raisons politiciennes, idéologiques. Nous parlerons principalement de ceux qui, pour des raisons dont il serait intéressant d'en développer la genèse, ont, inconsciemment, soutenu Poutine. Non directement. Ce n'est pas un soutien actif. C'est un soutien dans ce fameux mais : il a tort mais ... C'est aussi un soutien inconscient par la diffusion de fausses informations, de faux raisonnements et par culpabilisation de l'Occident. Certains de ces arguments sont exactement ceux du violeur qui accuse la violée de l'avoir été, que c'est de sa faute. Ces personnes participent donc à faire croire que finalement, l'Occident l'a bien cherché. Et ces personnes se confortent, assez fières d'elles-mêmes en se disant qu'elles nous avaient bien avertis.

Une des raisons de la perversion des raisonnements de ces personnes tient en un mode de pensée qui voudrait que tout se vaut, que les fautes sont forcément partagées, qu'il faut se mettre à la place de l'autre etc. Il y a là un possible mélange de mauvais angélisme, de sentiment de supériorité morale (moi je sais être équilibré). Il y a cette façon de penser qui dit que toute opinion se respecte. A ce propos voici une copie d'un commentaire sur un site spécialisé en informatique où un intervenant en reprenait un autre qui disait qu'il fallait respecter tous les avis. Je partage totalement la réponse que voici :

"L'important est de respecter les avis de chacun"
C'est quoi le « respect d'un avis », il serait peut-être intéressant de définir le concept ?
C'est ne surtout pas s'y opposer ?
C'est ne surtout pas pointer la faiblesse de son étayage ?
C'est ne surtout pas montrer qu'il repose sur une méconnaissance du sujet ?
C'est ne surtout pas pointer du doigt des arguments spécieux ?
Est-ce cela le respect ?
Je suis régulièrement en désaccord profond avec bien des contributeurs dans un respect mutuel total.
Le souci est bien plus l'intolérance de certains égo face à une contradiction construite et des tempéraments soupe au lait.
J'ai l'impression que le système éducatif ne donne plus les clés de ce qu'est une confrontation de vue. De la différence entre les faits, une opinion étayée, un ressentie, une vague idée...

Paul Claudel disait que *la tolérance il y a des maisons pour cela* (à l'époque de Madame Claude et des lupanars encore autorisés). Il est évident que tous les avis ne se valent pas, que le respect n'est dû qu'à ce qui est respectable et la tolérance qu'à ce qui est tolérable. Il y a aussi cette fameuse phrase : comprendre sans excuser. On se moque bien de comprendre un psychopathe, à part si l'on veut faire une étude. Cette compréhension concerne un autre domaine que celui de ses victimes. C'est de l'ordre de la philosophie, mais non de l'humanité. Trouver des causes ou des raisons aux actes d'un psychopathe ne permet que de valoriser celui qui les cherche mais ne résout pas le problème de ses nuisances.

Pour en revenir à ce respect de tous les avis, il est d'une certitude absolue, comme on l'a vu dans l'affaire de l'hydroxychloroquine, la vérité scientifique n'est pas une affaire ni de sondage, ni d'opinion. Il n' y a aucune opinion à avoir, aucun avis à émettre lorsque les mathématiques affirment que 2 + 2 = 4. Et si, dans sa grande sagesse une personne considère que 2 + 2 = 5, on n'a aucun respect à avoir pour son opinion. Tant que les avis n'ont pas de conséquences majeures, il est possible de ne pas sur-reagir, tout en essayant de remettre les choses en place (2 + 2 = 4), mais lorsque les vies sont en jeu, la liberté est en jeu, il n'y a aucune tolérance à avoir avec des avis fondés sur des mensonges ou de la haine. Un mensonge n'est pas un autre point de vue, c'est une mensonge. La propagande n'est pas un autre point de vue, c'est de la propagande.

La grande propagande qui a abouti à la réflexion absurde de cette journaliste tient en deux affirmations - sous-tendu par un brouillard général qui nous dit que l'Occident (essentiellement les USA) est arrogant, impérialiste, humilie la Russie - tout aussi fausses l'une que l'autre :
- l'OTAN encercle la Russie
- l'OTAN menace la Russie

Nous verrons plus tard dans un autre domaine une affirmation dévoyée : Kyiv est le berceau de la Russie d'où l'Ukraine doit se retrouver dans le giron de celle-ci

De ceci découle un raisonnement de culpabilité de l'Occident, auto-culpabilité, et de compréhension de la volonté de la Russie de se défendre.

On va le voir, le raisonnement des complices provient d'une méconnaissance totale (volontaire ou non) des faits, et un aveuglant manque de réciprocité. On assiste à des affirmations fausses avec, tout en même temps, un effroyable raisonnement hémiplégique.

Je n'ai jamais compris comment cette idée d'encerclement ait pu être reprise et diffusée depuis si longtemps par tant et tant de politiques, d'experts, de commentateurs et de journalistes alors qu'une simple carte - une simple carte ! - démontre à tel point ceci est faux. Voici ci-dessous, afin d'enfoncer le clou, et la définition du mot encerclement et une carte de l'OTAN :

Source : *Centre National de Ressources Textuelles et Lexicales* :

ENCERCLEMENT, subst. masc.

A.– [Sans idée d'hostilité] Action d'entourer quelque chose ou quelqu'un comme d'un cercle. Le mâle allant et venant, tournant autour d'elle, comme pour l'enchanter avec cet encerclement (Pesquidoux, Chez nous,1923, p. 143).

B.– [Avec idée d'hostilité]

1. ART MILIT. [En parlant d'une armée] Action d'encercler l'ennemi afin de lui couper toute retraite ; état qui en résulte. Nous sommes entrés à Stuttgart par le sud, achevant l'encerclement de forces ennemies importantes (De Gaulle, Mém. guerre,1959, p. 170). Mais un de ses lieutenants (...) sut manœuvrer. Constamment tournés, les Polonais évitèrent l'encerclement (Lefebvre, Révol. fr.,1963, p. 270).

2. P. anal., GÉOPOLITIQUE. Action d'entourer un État d'un réseau d'alliances dirigées contre lui ; état qui en résulte. Le resserrement de l'alliance franco-russe a justifié en Allemagne la phobie de « l'encerclement » (Martin du G., Thib.,Été 14, 1936, p. 140).

Prononc. et Orth. : [ɑ̃sɛ ʀkləmɑ̃]. Ds Ac. 1932. Étymol. et Hist. 1578 « ce qui entoure » (La Boderie, Harmon., p. 269 ds Gdf. Compl.); 1909 « action d'entourer un pays d'un cercle d'alliances dirigées contre lui » (Lar. mens., p. 557); 1929 art milit. (Foch, Mém., t. 2, p. 71). Dér. du rad. de encercler*; suff. -(e)ment1*. Fréq. abs. littér. : 34.

A partir de cette définition et de la carte ci-dessous où l'on voit que la frontière commune entre les pays de l'OTAN et la Russie ne représente que quelques % (moins de 6) de la longueur totale de toutes les frontières russes, même un enfant de 5 ans comprendrait l'absurdité d'utiliser le mot d'encerclement en parlant de l'OTAN vis-à-vis de la Russie. Et que ce soit en général, militairement ou en géopolitique.

Et il faut rapprocher cet impossible encerclement des propos de Poutine le 12 avril 2022 : « *Il est certainement impossible d'isoler qui que ce soit dans le monde d'aujourd'hui, en particulier un pays aussi immense que la Russie.* » Par simple analogie, Poutine le démontre lui-même, s'il est impossible d'isoler un pays aussi immense, il est impossible de l'encercler.

Ne pas oublier, ce petit espace russe dans lequel il y a des missiles, une enclave, dont on ne parle que peu : Kaliningrad. Cette enclave est pourtant entourée des pays de l'OTAN (pays baltes) et cette enclave au sein de l'OTAN aurait, elle, donc le droit d'avoir des missiles sans que cela ne gêne les soutiens de Poutine et leurs théories de l'encerclement. Au passage ce terme peut être utilisé infiniment plus judicieusement pour l'Ukraine avec une armée

Russe au nord, au sud (mer d'Azov, Crimée), à l'est (Russie, Belarus, séparatistes) et à l'ouest (Transnistrie).

Et cet argument d'encerclement est nié par les affirmations-mêmes de la Russie puisqu'elle se flatte d'avoir des missiles transcontinentaux, de ces fameux missiles hypersoniques, de ce nouveau missile Satan capable de franchir 18.000 km. Qui au monde ne peut voir le ridicule de cet argument quand la Russie elle-même déclare qu'elle peut vitrifier des surfaces de la taille d'un pays partout dans le monde ? Et peut-être avez-vous vue cette insupportable et ahurissante émission où l'on voit, comme dans un jeu vidéo, des missiles partir de Kaliningrad et atteindre Paris, Berlin ou Londres et un spectateur complètement hystérique faire le décompte de peu de secondes qu'il faudrait pour atteindre ces capitales. Il se félicite qu'à peine parti le missile et pouf, est arrivé et à détruit ces villes. La journaliste égrène le temps : « de Kaliningrad à Berlin 106 secondes, de Kaliningrad à Paris 200 secondes, de Kaliningrad à Londres 202 secondes ». C'était le jeudi 28 avril sur la chaîne de télévision publique Rossiya 1 - présentatrice Olga Skabeïeva - lors de l'émission de débat politique 60 minutes - la plus regardée de Russie. Pour tout être bâti à partir d'un minimum d'humanité, cette attitude est tout simplement incompréhensible. Se croire dans un jeu vidéo et considérer comme réjouissant et être fier de ce que son pays pourrait faire cet exploit de détruire des millions de vie est insoutenable et terriblement tragique.

Comme nous allons le voir tout au long de ce livre, cet exemple est le prototype, on peut dire une sorte de summum, de la propagande. Vous l'avez constaté vous-mêmes, ce terme d'encerclement, toujours associé de façon plus ou moins proche de celui de menace (menacer), est employé de façon récurrente, sans aucun recul. On peut se demander comment une personne qui a un minimum de notion géographique, d'information sur l'OTAN peut répéter cette ineptie absolue. On peut se poser la question de savoir pourquoi aucune vérification n'est faite géographiquement par tous ceux qui utilisent ce terme. Ce serait fascinant si ce n'était atterrant et d'un danger extrême, le danger qui a fait que cette guerre en Ukraine ait eu lieu par l'aveuglement des Occidentaux (ou de certains d'entre eux) aux prises avec cet opium qui a troublé leur cerveau, ce poisson lent et très efficace, d'essayer de comprendre comment cette propagande absurde a pu autant paralyser le regard et la réflexion. Ainsi en est-il que depuis plus de vingt ans la Russie a fait gober au monde, et aux peuples que l'OTAN dans son agressivité et son arrogance permanente avait encerclé la Russie et que toute avancée de l'OTAN était un danger mortel pour la légitime existence de ce pays.

Une autre aberration est cette hémiplégie totale du raisonnement. Celle-ci s'ajoute à cette espèce de manie de penser que tout se vaut, qui fait, par exemple, une comptabilité brute des forces de l'OTAN sans tenir compte absolument de leur nature, de leur répartition et la compare à celle de la Russie (sans pour autant lui associer ses soutiens comme la Corée-du-Nord et la Chine).

Quelle est donc cette totale hémiplégie dont a été l'expression de cette journaliste comprenant que la Russie veuille se défendre car elle avait un revolver sur la tempe ? Si dans un premier temps vous avez avec un peu de chance réussi à convaincre une personne que le terme d'encerclement était absurde, elle va, alors, vous dire, que oui mais l'OTAN pointe ses missiles sur la Russie. Sans même analyser l'arsenal militaire de l'OTAN, vous pouvez tout simplement faire remarquer : *et donc les missiles de la Russie ne pointeraient-ils pas leurs ogives vers les pays de l'OTAN ?* De plus comme s'en est flatté Poutine de les avoir utilisés en Ukraine, la Russie, comme déjà dit - bis repentira placent - possède des missiles hypersoniques qui peuvent parcourir des milliers de kilomètres sans être repérables, à des vitesses folles, la Russie étant la seule à les posséder aujourd'hui avec cet autre pays démocratique qui l'a affirmé : la Corée-du-Nord. Ces missiles, et non seulement les hypersoniques, peuvent donc atteindre tous les pays, chaque pays de l'Europe. Que peut donc répondre à cet argument votre interlocuteur qui ne soit pas une autre absurdité pour tenter d'avoir raison ?

Mais ne nous arrêtons pas en si bon chemin, car cette réciprocité de visée (si l'OTAN peut atteindre la Russie, celle-ci peut atteindre les pays de l'OTAN) totalement absente n'est pas le seul point intellectuellement malhonnête, il faut tenir compte d'autres facteurs extrêmement importants. Le premier est géographique et la concentration de la population. La Russie a le plus vaste territoire au monde. Il est donc tout simplement techniquement impossible d'envahir la Russie. A l'inverse la Russie, et elle l'a fait, peut envahir une partie des territoires qui l'entourent.

Ce qui compte aussi de façon déterminante ce sont la répartition des armées, leur arsenal militaire. Commençons par le second point. L'OTAN s'est doté d'un arsenal défensif. Vous imaginez aisément qu'un missile anti-missile ou un missile sol-air, ne sont pas des missiles d'attaque, et donc ne sont pas agressifs mais défensifs. En réalité l'OTAN, non seulement selon ses statuts, non seulement selon son attitude hors mandat de l'ONU pour le maintien de la paix, n'a des positions que défensives. Le premier point, ici abordé en second, est d'une telle évidence qu'il est étonnant que cette notion de danger agressif de l'OTAN à l'égard de la Russie puisse un seul instant être émise. Souvenez-vous du temps qu'il a fallu à la Russie pour amasser son armée pour envahir l'Ukraine : au moins trois mois. Vous souvenez-vous une seule fois où vous auriez vu des mouvements de troupes au sein des pays de l'Occident de cette nature pour se rapprocher des frontières de la Russie ? Personne n'a besoin d'avoir fait l'école de guerre pour se rendre compte que l'OTAN n'ayant que 90.000 hommes en propre, que l'OTAN étant déjà sur d'autres terrains engageant des hommes, a un évident double problème logistique : déplacer son armement des différents pays (chars, lance-missiles ou lance-roquettes, troupes, intendance, véhicule blindés, camions etc.) et la coordination des armées des 30 pays qui la composent. Non seulement il y a un problème logistique mais également stratégique. Il est évident que s'il fallait déplacer hommes et matériels de façons suffisante pour agresser la Russie ce serait très visible et cela prendrait du temps et ce temps serait mis à profit par la Russie pour se défendre et même pour attaquer les armées qui se déplaceraient en colonne, avec leurs missiles longue portée. Ces simples évidences démontrent à quel point la théorie de la menace de l'OTAN contre la Russie n'est qu'un fantasme créé, diffusé et amplifié par la propagande Russe. Cette propagande date de plus de 30 ans et a réussi cet exploit à contaminer la grande majorité des esprits tant politique que journalistique, ou de la population. Peu sont ceux qui sont allés vérifier cette idée devenue une vérité, pourtant infondée, que l'OTAN n'eut de cesse de menacer la Russie. Comme on vient de voir cette menace est absurde logistiquement et stratégiquement. D'où vient donc cet aveuglement de ceux qui y ont cru, et pour certains qui y croient encore à ce qui n'est qu'une légende qu'ils ont acceptée la considérant comme un fait acquis et certain ? Et ceci, même si les informations indirectes (pas de mouvements de troupes ou d'engins militaires), la dispersion, l'éloignement, le peu de frontières communes démontrent le contraire. Cette intoxication quasi générale serait un choix pertinent pour une étude sociologique et historique. Cette croyance infondée a été le terreau de l'invasion massive de l'Ukraine.

Il y a une autre raison qui s'oppose à toute agression, toute volonté de faire la guerre de l'OTAN est que contrairement à une idée extrêmement bien implantée l'Occident n'a strictement aucun intérêt à faire la guerre. C'est un pur fantasme de croire que cela est de l'intérêt du complexe militaro-industriel et donc des USA car ce complexe ne représente au plus que moins de 1 % des PIB alors que les destructions, les coûts engendrés par une guerre coûtent infiniment plus non seulement financièrement mais aussi humainement. L'Occident et le commerce ont besoin de paix mais jamais de guerre. Il n'y a aucun intérêt ni majeur ni mineur pour les pays de l'OTAN à déclencher une guerre. Mais la doxa de gauche dure ou extrême, ou l'anti-américanisme viscéral de l'extrême droite en France ont implanté dans les esprits que la guerre est une solution pour enrichir les industriels. Ils ignorent volontairement toutes les autres contraintes et catastrophes engendrées par une guerre et si un industriel pris isolément peut s'en réjouir, un pays, un pouvoir, un gouvernement qui voient le tout, la nation dans son entier ne veulent jamais la guerre. Nous parlons là du XXIème siècle et à part Poutine qui veut récupérer un empire, à part des fondamentalistes religieux qui veulent instaurer mondialement l'Ouma, il n'y a pas de volonté expansionniste de l'Occident par la guerre. Tout comme l'Otan n'a strictement aucun intérêt à envahir la Russie. Aucun. Cet interêt fantasmé n'existe que dans les esprits anti-occidentaux, les complotistes, ces fameux croyants dans le *Nouvel Ordre Mondial* dont on voit que cette guerre démontre absolument sa non existence.

Revenons à cette propagande. On la voit encore aujourd'hui (au printemps et au début de l'été 2022), en pleine guerre contre l'Ukraine par nombre de commentaires au bas des articles (*Le Figaro, Le Monde, Le Poin*t etc.) où l'inversion des faits est totale et où on peut lire que cette guerre est due, non à l'invasion de la Russie mais à l'arrogance des USA et de l'OTAN.

Cette propagande ressemble à une sorte de fusion entre un conte : *le roi est nu* et une fable de La Fontaine : *Le loup et l'agneau.*

Dans le conte du roi est nu, l'histoire est simple : deux tailleurs, vendeurs de tissus, réussissent à faire croire à un roi que ce qu'ils vendent sont des tissus les plus magnifiques dont ils vont lui faire un costume des plus beaux. Comme le roi, ébloui par le discours, y croit dur comme fer, le grand chambellan le croit et ainsi de suite, de proche en proche, tout le monde le croit jusqu'au jour où le roi, fier sur son cheval se promène dans la ville pour montrer son fabuleux costume, un enfant dit : « mais le roi est nu ! » Il est temps qu'un enfant dise : mais regardez l'OTAN n'a jamais menacé la Russie et qu'ainsi que toute cette propagande s'effondre en constatant qu'effectivement jamais l'OTAN n'a menacé la Russie. La fable du loup et de l'agneau est exactement le reflet de l'invasion de l'Ukraine par la Russie : *la raison du plus fort est toujours la meilleure*. Si ce n'est toi c'est donc ton frère. Le loup a besoin d'un prétexte, qu'il soit faux n'importe que peu.

Poutine dans son besoin infernal de reconstituer l'empire russe, la Sainte Russie orthodoxe, lance à la face du monde de faux prétexte : il faut dénazifier l'Ukraine, libérer le peuple (petit) russe, prévenir un génocide, répondre au danger de l'OTAN. Tout est faux. Poutine se moque totalement des vies, de la négociation, de la paix et de l'opinion des Occidentaux. Que ce soit un mensonge des plus grossiers n'est pas important. Ce n'est que pour la galerie et pour sa population faisant de lui le chevalier blanc. Le reste, il s'en contre-fout. Nous, pauvres Occidentaux, nous tentons de lui répondre par la raison, la démonstration, la logique. C'est absolument sans aucun effet. Il ne cherche aucune discussion. Il affirme. Point. C'est un être cruel, menteur et d'un cynisme absolu. Lui et Lavrov bien sûr. Du reste les quatre piliers du pouvoir poutinien sont : mensonge, cynisme, brutalité et cruauté. Et de tous ses complices objectifs, intéressés, vassaux, obligés. Ce cynisme absolu n'a eu de cesse de nous sauter au visage : ce sont les couloirs humanitaires qui sont bombardés, ce sont les négociations pour éviter la guerre début février 2022 quand en fait l'ordre d'invasion a été donné en janvier, que la déclaration d'invasion (mission spéciale) du 24 février a été enregistrée le 22 alors que nous autres pauvres imbéciles, nous tentions d'éviter la guerre. Nous pouvons laisser le bénéfice du doute, c'est-à-dire que nos dirigeants tentaient tout ce qu'il était possible afin de n'avoir rien à se reprocher, afin de ne laisser aucune prise aux critiques de vouloir la guerre à tout crin, alors qu'au fond d'eux, ne pouvant en douter, ils connaissaient la totale inutilité de ces négociations de théâtre.

Nous pouvons accuser, pourtant, nos dirigeants de ne pas avoir été lucides dans le passé. La seule indulgence que l'on peut avoir c'est celle qui associe dans un même moule le sentiment général des populations comme quoi la Russie était humiliée, avait le droit de se défendre et l'état d'esprit des démocraties qui raisonnent en démocraties ce qui est totalement inefficient devant un autocrate. Le premier élément de fusion du conte et de la fable a pour responsables tous ces complices que j'ai appelés inconscients, qui en tant que relais d'opinion, de leaders d'opinion, politiques, media, qui ne sont jamais allés vérifier cette thèse absurde et ont créé ce fond d'accusation de l'Occident et de plainte de la Russie.

On nous dit que c'est en 2014 après l'annexion de la Crimée qu'il aurait fallu agir, et ouvrir les yeux. Non c'est en 1991. En 1991 la stratégie est mise en place. Elle n'est que l'écho des mêmes méthodes de l'URSS que l'on a vu à Prague, à Varsovie, à Budapest. Au pouvoir des hommes inféodés à l'URSS, appelant le grand frère russe pour mater les révoltes populaires. Par les chars. Ce fut pareil en Afghanistan. Un pouvoir fantoche appelle la Russie. Cette technique fut adaptée pour la Moldavie, le Tadjikistan, la Géorgie et l'Ukraine. Du reste on parle énormément de l'échec de la coalition en Afghanistan et jamais de la déculottée prise par l'armée russe dans ce pays, repartie après des années de massacres. Une partie de la population, chauffée à blanc par la propagande russe, se révolte, financée et soutenue militairement par la Russie se dresse contre le pouvoir du pays et la Russie arrive avec ses chars, envahit le pays et tient sous contrôle avec son armée des portions de ce pays (Tansnistrie pour la Moldavie, Ossétie-du-Sud et Abkhazie pour la Géorgie), région de Louhansk et Donetsk pour l'Ukraine jusqu'à l'annexion de la Crimée.

Russie et URSS sont interchangeables. Car cette technique du prétexte d'aller secourir les peuples, déjà utilisés par l'Allemagne nazie et les Sudètes - on en parle aujourd'hui et de l'esprit munichois qui n'a pas empêché la guerre mais nous a couvert de déshonneur -, fut aussi utilisée par l'URSS lors de son invasion de la Pologne le 17 septembre 1939, URSS alliée de l'Allemagne nazie. On le verra plus loin. Juste un mot concernant la comparaison injustifiée avec Münich et les Sudètes. Il y a deux différences fondamentales : aucun pays occidental n'a accepté l'invasion de l'Ukraine (alors que pour les Sudètes il y a eu une approbation tacite), et il y a eu immédiatement des sanctions de plus en plus lourdes (aucune à la suite de Münich). Le symbole de Münich est étrangement répétitif dans l'histoire avec cette même ville, mais ce n'est qu'une coïncidence qui va pourtant marquer les esprits, comme si cette ville était l'âme damnée à l'encontre de la paix.

Pour la Géorgie, la Russie a été un peu plus futée. Ses troupes étaient amassées à la frontière, comme pour l'Ukraine. L'invasion devait se faire par rail. Les services de renseignements savaient que la Russie allait intervenir. Comme ailleurs il y a eu des provocations, de la propagande, alors qu'en Ukraine, en 2022, les faux prétextes d'attaque des Ukrainiens contre une usine chimique, ou l'arrestation ou le meurtre de saboteurs n'ont trompé personne (heureusement le monde avait été averti par les USA de ces actions sous faux drapeau, mais il y a aussi que Poutine était tellement pressé qu'il n'a laissé aucun temps à ce genre de faux prétexte d'agir, USA d'ailleurs accusés d'hystérie tant par le pouvoir russe que de nombreux politiques et journalistes français) en Géorgie, Saakachvili a réagi immédiatement à ces provocations, attaquer avant d'être attaqué, et a engagé les hostilités. Il a été alors facile d'enfoncer le clou et de tenir le pouvoir géorgien comme responsable. Et ce qui a été reproché au président géorgien (une attaque préventive contre une attaque prochaine et bien réelle des Russes) est un des arguments ineptes développé par Poutine lors de son discours du 9 mai 2022 : une attaque préventive.

Pouvons-nous comprendre comment nous en sommes arrivés là ? Nous en avons parlé, un des points essentiels est cet aveuglement à faire confiance à un ancien du KGB ou à penser comme possible une négociation avec lui. Les meurtres et tentatives de meurtres des opposants n'ont même pas dessiller les yeux de nos dirigeants. Et ces trois cas épouvantables.

- Tout d'abord le 14 août 2000 le sous-marin Koursk fait naufrage. Les sous-mariniers auraient peut-être pu être sauvés par les Norvégiens proches qui ont proposé leur aide alors que les sauveteurs russes n'arrivaient à rien. Pendant quatre jours Poutine se prélassait dans sa datcha. Comme déjà dit plus haut, on ne sait pas si les hommes auraient pu être sauvés, ce dont on est sûr c'est que Poutine a refusé l'aide. Ensuite comme c'est le cas aujourd'hui, la propagande s'est mise en toute et les media ont été accusés de mensonges. Et ce cynisme absolu quand une femme d'une des victimes posait des questions en conférence devant les autorités russes, elle fut droguée en plein public et sortie de la salle.

- Que dire de la prise d'otages du théâtre de Moscou entre le 23 et 26 octobre 2002, où plus de 123 spectateurs sont morts asphyxiés par les gaz sur ordre de Poutine ? 5 spectateurs ont été tués par les terroristes.

- Enfin cette école de Beslan en Ossétie-du-Nord où l'assaut a fait tant de morts parmi les enfants entre le 1er et 3 septembre 2004. Un lourd bilan de 331 morts dont 186 enfants. Petite parenthèse voici une phrase tiré d'un article au 5 avril 2022 de *Wikipédia* concernant l'attaque de l'école afin de démontrer jusqu'où va la propagande pro-russe : *En réalité, la froideur des médias occidentaux vis-à-vis des victimes de Beslan et leur rapidité à condamner le gouvernement russe a priori *, ou présentant ce massacre comme un acte de résistance tchétchène provoquera une fracture de l'opinion publique russe par rapport au traitement* *des médias occidentaux de leur pays qui n'auront plus pour eux l'importance qu'ils avaient auparavant*. Notez bien le propos : froideur des Occidentaux et rapidité à condamner la Russie. Si vous vous souvenez de l'époque vous constaterez de vous-mêmes que la froideur n'a jamais existé et qu'au contraire l'émotion a été extrêmement vive, le soutien total aux victimes. Ensuite vous noterez deux autres points : la rapidité et la condamnation. Or la référence (rappel vers elle représenté plus haut par *) qui soutient cette phrase est un article du journal *Le Monde* de décembre 2015 (soit un an et demi après la tragédie, on est très très loin de la rapidité) et voici l'entête de cet article : ***Quinze mois** après la prise d'otages en Ossétie du Nord, au Caucase, **l'enquête des députés russes** contredit mercredi celle du vice-procureur Nikolaï Chepel, exonérant les autorités russes de toute responsabilité*. Ce n'est pas une condamnation des Occidentaux mais d'une commission d'enquête russe. Ainsi un texte **15 mois postérieur** à la tragédie qui implique les autorités russes selon **une commission d'enquête parlementaire russe**, sert-il de support à une double affirmation fausse d'accusation occidentale rapide. Comment Wikipedia peut-il laisser passer une telle désinformation qui va jouer dans l'ambiance générale ?

Comment tous ces signes n'ont-ils pas démontré que toute discussion avec Poutine était une perte de temps ?

Si nous analysons les faits depuis plus de 20 ans et écoutons les déclarations de Poutine, regardons ses actes, nous pouvons tirer une conclusion très simple : il y a deux mondes totalement parallèles et quasi étanches entre ce que dit Poutine et ce qu'il fait - hors sa volonté de massacrer tous ceux qui s'opposent à lui où là il fait ce qu'il dit - et à sa politique, et son expansionnisme. Cela a une conséquence majeure dans les négociations. Deux attitudes occidentales s'opposent : *la surenchère verbale*, comme l'applique Biden, et *la volonté de désescalade dans les paroles*, par exemple ce qu'a tenté Macron. A la première, Poutine et ses porte-flingue répondent par l'agressivité, l'insulte, qu'ils ont pourtant eux aussi pratiquée avant comme de dire que le pouvoir ukrainien est corrompu, nazi, drogué et vassal des USA (nombre de commentateurs ne semblent pas s'offusquer de ces insultes-là, de cette surenchère-là). Poutine bombe le torse, menace, surenchérit. Il se sent fort et supérieur. A la seconde, Poutine se sent flatté, il est le maître des horloges. Il prolonge les discussions des heures, au passage il lance aussi quelques menaces, des insultes. Il prend ses interlocuteurs pour des faibles qui viennent lui lécher les pieds et sait bien que les paroles dures, mais dans le respect de sa personne représentant la Russie, ne sont pas des actes mais que des mots. A ce propos - et c'est là où l'on voit le manque de professionnalisme des journalistes et les dégâts que cela peut faire dans l'opinion - tout le monde a été confronté à l'image ahurissante de Poutine à un bout, et Macron à l'autre, d'une table gigantesque. On nous a parlé de test COVID et de peur de contamination. D'humiliation. Or si ces journalistes avaient un peu de mémoire et de connaissance, ils auraient dit que mêmes les hauts gradés de l'armée, que même le président bélarusse étaient logés à cette enseigne. Et de ce que l'on a appelé pour certains de l'humiliation, se serait alors traduit par ce que c'était : *le ridicule de la position de Poutine, le ridicule et sa permanence qui n'était donc pas réservée à Macron.* On a aussi une image de Poutine convoquant en mars, pour les menacer et les sermonner, attendre un soutien indéfectible, les oligarques dans une salle. On voit au fond de la salle seul, isolé, Poutine derrière son bureau qu'un long tapis bleu précède. Totalement à l'opposé à 10 ou 15 mètres tous les oligarques sur des fauteuils. Ce qui a donc été pris contre Macron pour de l'humiliation à lui seul réservée, n'est qu'en fait une attitude générale du despote qu'est Poutine.

Dans la première situation, Poutine fait apparaître ses interlocuteurs comme des agressifs, des va-t-en guerre, des personnes qui perdent leur calme quand même ce serait totalement oublié que l'agresseur de cette guerre, l'envahisseur c'est la Russie et que l'OTAN se refuse absolument à intervenir. Et il existe bon nombre de personnes pour se rallier aveuglément à cette théorie qu'en fait les agressifs ce sont les autres. C'est donc un échec pour cette voie. La seconde fait apparaître les interlocuteurs comme des lâches, des soumis. Ce fut le baiser du serpent quand Lavrov a dit que le meilleur c'était Macron parce qu'il ne se soumettait pas aux USA. Ce baiser du diable a pour objet de diviser l'Occident, de faussement valoriser Macron et de le présenter finalement comme plus proche des Russes et donc insidieusement de le faire passer pour un complice passif. Et un lâche. Du reste la Pologne, très engagée dans ce conflit, non seulement en recevant un nombre ahurissant de réfugiés, mais diplomatiquement et militairement, et financièrement, a accusé Macron de palabrer avec un dictateur, qu'en somme il était le symbole de la lâcheté et de la soumission. Dans cette valorisation de Macron par Poutine et Lavrov, on peut y voir - une hypothèse - en plus de vouloir diviser l'Occident (et la violente attaque du Président polonais contre Macron en est un exemple, une résultante), d'autres objectifs : montrer Macron proche de Poutine c'est aussi dé-diaboliser Poutine, c'est affaiblir Macron en pleine campagne électorale, c'est donc rendre acceptable Marine Le Pen puisque même Macron serait, finalement, plus proche de Poutine que l'agressif et hystérique Biden.

C'est une des faiblesses de la nos démocraties : vouloir négocier. C'est peut-être un honneur dans certaines circonstances, c'est valide quand la négociation a une chance d'aboutir. Ce n'est plus le cas lorsque la négociation ne sert qu'à gagner du temps, prendre par surprise son adversaire. C'est faire le jeu de l'autocrate. Cette seconde voie est aussi un échec. Quelle que soit la voie empruntée nous ne pouvons que nous affaiblir.

De quelque manière que vous vous y preniez cela n'a strictement aucune influence sur les décisions de Poutine. Il faut savoir que l'invasion de l'Ukraine était prévue de longue date, qu'elle se préparait depuis au moins trois mois, le temps d'accumuler les troupes et que les ordres avaient été passés en janvier 2022.

On sait aujourd'hui que les agressions internes de l'Ukraine en 2014 par les séparatistes du Donbass ont été préparées bien en amont. Il y a eu des actions de propagande, de déstabilisation au sein du Donbass (discrimnation supposée des Russophones par exemple, présence de nazis au pouvoir ukrainien, possibilité de mise en place d'un génocide programmé contre les Russophones du Donbass etc.), l'apport d'armes, de munitions, de matériels militaires, de conseillers, de militaires, le groupe Wagner. Et en aval. Ce qui est bien moins connu, et qui est entré dans cette stratégie, et qui prouve que cette insurrection est une manipulation, ce sont deux évènements qui ont eu lieu en Tchéquie et en Bulgarie, le GRU y étant totalement totalement impliqué. Plus exactement des membres de l'unité 29155 du GRU. Au moins deux des participants, Alexander Mishkin et Anatoliy Chepiga, ont reçu le prix d'État le plus élevé de Russie - Héros de Russie - et au moins quatre membres de l'équipe ont reçu des appartements gratuits du gouvernement immédiatement après l'opération, ce qui souligne encore davantage l'importance de cette mission pour les autorités russes. Il s'agissait de diminuer les capacités militaires de l'Ukraine. Pour cela trois méthodes ont été employées : surenchérir pour l'achat de munitions en Tchéquie et Bulgarie, tenter d'assassiner les patrons d'une usine d'armement en Bulgarie (société EMCO), et enfin explosion d'un dépôt de munitions en Tchéquie, munitions destinées à l'Ukraine. La mission, qui semble avoir été dirigée par la sous-unité de subversion et de sabotage de l'unité 29155 du GRU, comprenait plusieurs opérations contiguës, parmi lesquelles les explosions dans les dépôts de Vrbetice, la tentative d'assassinat d'Emilien Gebrev par empoisonnement (substance inconnue, il est tombé dans le coma) et de son fils et - avec de plus en plus probable - au moins une des trois explosions dans les dépôts de munitions en Bulgarie du début et à la mi-2015. Cette même équipe avait été utilisée en Crimée, puis a servi en Moldavie et au Monténégro dans le but de les déstabiliser.

Avec Poutine il faut faire (il aurait fallu faire) comme lui : les négociations juste comme un écran de fumée. Et en parallèle, des actes. C'est tout. Des actes. Toute l'argumentation de Poutine pour cette invasion est fausse : il n'y avait aucun risque d'intégration de l'Ukraine à l'OTAN et même avec l'OTAN il n'y aurait jamais eu d'agression, il n'y a pas de Nazis au pouvoir en Ukraine, le russe n'est pas interdit, les Russophones ne sont pas marginalisés. Vous remarquerez que les pays baltes, la Pologne qui font partie de l'OTAN, et ils sont aussi proches de la Russie que l'est l'Ukraine, leurs missiles sont aussi dangereux que le seraient ceux de l'OTAN en Ukraine, n'ont pas été attaqués. Ces pays ont aussi des Russophones sur leur territoire. Ces pays n'ont pas pour autant le russe comme langue officielle non plus. On se rend compte alors que c'est l'intégration à l'OTAN le plus rapidement possible qui aurait empêché l'invasion et non l'inverse. Poutine ne se serait jamais attaqué à l'Ukraine si elle avait fait partie de l'OTAN. Rappelons une fois encore et encore que l'OTAN n'est pas une structure d'attaque mais uniquement de défense. Ceux comme Sarkozy et Merkel qui en 2008 ont empêché l'intégration de l'Ukraine dans l'OTAN ont leur part immense de responsabilité dans cette guerre. Même s'ils assument. Même s'ils s'en défendent. Un jour sans doute l'histoire jugera de l'attitude d'Angela Merkel qui n'a eu de cesse de cajoler la Russie, qui a entraîné une dépendance majeure de son pays au gaz russe, bien aidé en cela par les idéologues verts qui ont combattu férocement le nucléaire, écologistes financés par la Russie, et dont le résultat est non seulement cette dépendance, mais une pollution énorme et des émissions de gaz à effet de serre astronomiques. Allemagne qui a voulu empêcher le nucléaire d'être considéré comme énergie verte par l'Europe, alors que le gaz l'est. Cette opposition de l'Allemagne et de la France à l'entrée de l'Ukraine au sein de l'OTAN, opposition de longue date, le fait que le dossier de l'intégration de l'Ukraine à l'OTAN était au point mort, étaient connus et archi connus. Comment les journalistes, les politiques, comment une grande partie de la population mondiale ont-ils pu croire, propager l'idée totalement absurde que l'OTAN allait accepter l'Ukraine en son sein, que c'est donc de la faute de l'OTAN, de sa responsabilité, si l'Ukraine a été envahie ? C'est hallucinant tout en étant monstrueux. Tous ceux qui ont diffusé cette idée fausse ont, eux, une immense responsabilité dans ce massacre. En effet sans prétexte, valorisé par la détestation latente de l'Occident, du capitalisme, des USA, même absurde, la Russie aurait eu du mal à envahir l'Ukraine. De toutes façons Poutine avait dans sa besace d'autres prétextes comme la dénazification, éviter le génocide des Russophones. Au moins cette vérité que l'Ukraine n'allait pas entrer du jour au lendemain dans l'OTAN aurait diminué les attaques contre les USA, retiré des prétextes que l'on voit fleurir mille fois dans les commentaires comme quoi c'est de la faute de l'OTAN, de son arrogance, de son agressivité.

Cette guerre en Ukraine commencée le 24 février 2022 a pu avoir lieu parce que l'Ukraine n'a pas intégré l'OTAN, mais aussi parce que l'Occident, en globalité mais non en totalité, a été sous l'influence de l'opium de la propagande avec des complices inconscients - et les conscients bien sûr - qui a créé un monde totalement fantasmatique dans lequel ont émergé deux fausses vérités totalement destructrices :

- l'Ukraine, gouvernée par des nazis dont le fameux bataillon Azov avait perpétré et perpétrait un génocide dans le Donbass (affirmation gratuite sans que jamais aucune preuve ne soit donnée) avec une politique assassine à l'encontre des Russophones
- la Russie a été en permanence sous la menace de l'Occident tout en étant humiliée.

La vérité concernant l'Ukraine, ce que les faits nous disent sont tellement à l'opposé que l'on ne peut qu'être confondus par cette vérité alternative qui pollue les esprits. Il faut savoir que Maïdan a pour origine une majorité de Russophones. Il faut savoir que dans le Donbass le referendum concernant l'indépendance le oui a été de 83 % des voix. 83 % ! Cela implique que même si on retire la proportion des Ukrainophones, il y avait forcément plus de 50 % des seuls Russophones qui ont voté pour l'indépendance à la Russie. Comment ce fait majeur peut-il être ignoré ? Comment peut-ont passer à côté que Zelensky est juif et russophone ? Qu'il a été élu avec 75 % des voix ? Il est vrai que Lavrov a voulu contrer cet argument comme quoi un juif ne pouvait pas être un nazi car, selon lui, Hitler aurait eu des ascendants juifs et que les pires antisémites étaient des juifs. Poutine a dû, devant l'horreur d'une telle déclaration, présenter des excuses à Israël, pays qui joue un drôle de jeu dans cette guerre - attention je demande instamment à qui que ce soit de ne pas prendre cette interrogation dans l'attitude d'Israël comme un argument pour alimenter son anti sionisme ou son antisémitisme, que qui que ce soit ne se serve de mes propos qui ne sont qu'un constat - , mais qui, là, a bien vu quel était ce pays.

On nous a sorti que la langue russe avait été interdite. C'est le propre de la propagande de transformer les faits. Non seulement il ne s'est jamais agi d'interdire le russe mais en toute justice de faire en sorte qu'elle ne soit plus une langue officielle d'autant plus après ce qu'il s'était passé à Maïdan avec l'implication certaine de la Russie dans ce massacre et le vote très majoritaire pour l'indépendance d'avec la Russie. Mais ce n'est pas tout. Il y a deux autres langues qui ont été aussi supprimées du statut de langue officielle : le roumain et le tatar. Et enfin si la loi a été votée le décret n'a pas été signé. Ce qui veut dire que ces déclarations sont fausses, tout en soulignant aussi ce fait primordial : ce sont les séparatistes qui ont déclenché les hostilités en attaquant les armes à la main les symboles de la démocratie en Ukraine. Il l'ont fait aidés, financés, équipés et avec des militaires russes sous couverture par la Russie. Il est quand même extravagant que tout le monde savait que les leaders militaires de Louhansk et Donetsk, Igor Strelkov et Alexandre Borodaï, étaient russes.

Quant au bataillon Azov qui sert de prétexte à toutes infamies, faut-il rappeler qu'au départ il n'est composé que de 500 hommes, qu'ensuite au maximum ils sont 5.000 mais que si les premiers étaient majoritairement d'extrême droite, pro nazis, leur exploit à Marioupol, qu'ils avaient sauvée, leur a attiré, à cause de la gloire qu'ils ont tirée de cet exploit, des combattants voulant faire partie de ce qu'ils ont estimé être prestigieux sans se préoccuper d'être nazis eux-mêmes. Enfin ce bataillon ne représente que 2 % des militaires ukrainiens. Allons plus loin. Lors des dernières élections législatives ukrainiennes, toute l'extrême droite confondue n'a pas atteint les 2 %. Est-ce là un pays nazi ? Et nous en France lorsque l'on voit les votes entre les Zemmour, Le Pen, et autres microscopiques partis comme *Debout la France*, on est plus proche des 30 %, et avec Mélenchon les pro-Poutine représentent plus de 53 %. La proximité de Marine Le Pen avec Poutine n'a en rien gêné ses électeurs. A propos Marine Le Pen qui ose dire qu'en 2017 Poutine n'était pas le même qu'aujourd'hui, le Poutine qui l'a soutenue, alors que l'invasion de la Crimée c'est 2014, que la Géorgie c'est 2008. L'indécence n'a pas de limites. Il faut rappeler ses paroles afin que cela ne soit pas oublié, elle et son parti financés par une banque russe ce qui lui aurait valu la prison en Russie pour financement par un agent extérieur. A propos de l'invasion : « *Je ne le crois pas du tout, je ne vois vraiment pas ce que les Russes feraient en Ukraine* » 7 février, *Franceinfo*. Le 24 la Russie envahissait l'Ukraine. Elle reprenait à son compte les éléments de langage de Poutine : « *Les Etats-Unis veulent absolument faire entrer l'Ukraine dans l'OTAN, donc on est en train de créer un conflit qui n'a pas lieu d'être* ». Enfin mardi 22 février : « *la France s'est soumise à une forme de guerre froide imposée par l'Union européenne, à l'écoute des Américains* ». Elle aurait dû réviser ses classiques puisque Lavrov indiquait fin mars et début avril que Macron, et même incidemment l'Europe, ne suivait pas les USA. Enfin ce que disent Lavrov ou Poutine n'a même pas la valeur des mots en eux-mêmes. Les versions se contredisent, sont souvent totalement invraisemblables, ne reflètent aucune vérité ni réalité.

A propos de nazis, il faut aussi souligner que le groupe Wagner, fondé au moment de l'invasion de la Crimée où il est intervenu est d'essence néonazie - son fondateur, Dimitri Outkine, ancien membre des forces spéciales, lieutenant-colonel au sein des Spetnaz jusqu'en 2013, décoré par Poutine expose, tatoué sur le cou, le double S stylisé des SS - , que ce groupe militaire « privé », sorte de milice de Poutine afin de ne pas apparaître comme officielle, est intervenu en Ukraine avant Maïdan et pendant et après pour déstabiliser le pays, comme il est intervenu en Syrie et au Mali. Sa réputation de cruauté est faite. Trois journalistes russes qui ont enquêté sur ses activités en Afrique ont été retouvés assassinés. On peut aussi parler d'un autre groupe qui cette fois-ci à une autre influence (environ 50.000 fans si ce n'est plus) qui s'appelle *Etat mâle* (ou plus tard *Légion mâle*) créé en 2016 sur les réseaux sociaux par un certain Pozdnyakov qui a eu, lui, jusque 83.000 fans. C'est un groupe misogyne, raciste, anti-homosexuel, qui défend la race supérieure contre la race « untermensch » terme proprement nazi. Ce groupe prône l'assassinat de Zelensky mais aussi, pour régler le conflit en Ukraine, dont ils se flattaient qu'il ne durerait que 3 jours, *la solution finale*. Cette expression nous rappelle sa sinistre signification.

Il ne faut jamais oublier que Poutine est un ancien du KGB dont une des occupations est la déstabilisation de l'Occident. Déstabilisation que, de longue date, Poutine a lancée au Donbass, une propagande effrénée qui bien évidemment s'est amplifiée après 2014 tant dans le Donbass qu'en Occident et bien évidemment en Russie. Poutine a crée l'image monstrueuse d'une Ukraine nazie voulant le génocide des Russophones du Donbass qu'il appelle par ailleurs des Russes. Dans cette propagande vous pourrez lire dans les commentaires ou dans les réseaux sociaux le chiffre de 14.000 morts de cette guerre fratricide. C'est un chiffre toujours répété. Jamais n'est associée la répartition de ces 14.000 morts. Ils sont attribués à l'Ukraine nazie, au bataillon Azov. Voici la réalité. Selon l'ONU il s'agit de 13.000 morts qui se répartissent en 3.350 civils, 4.100 membres des forces ukrainiennes et 5.650 membres de groupes armés pro-russes. La propagande transforme la totalité des morts comprenant militaires des deux camps et civils, qui n'en représentent que 25 %, en des seuls martyrs civils alors que parmi les civils ne sont pas distingués ceux qui sont pro-russes et les autres. Il y a une évidence qui ne peut que sauter aux yeux : s'il y a 4.100 morts dans les forces ukrainiennes c'est bien que les séparatistes leur ont tiré dessus. Qu'ils les ont tués. Qu'ils ont participé à la guerre. La Russie accuse le pouvoir ukrainien de vouloir initier un génocide dans le Donbass. L'inversion des faits est assez incroyable alors que ceux-ci sont répertoriés et facilement à disposition de tous. La réalité est que dans les deux pseudo républiques des séparatistes y règne, pour ceux qui s'opposent, la terreur avec enlèvement, torture, actes de barbarie, spoliation, et c'est aussi vrai pour la Crimée. Ceci est documenté notamment par la Croix Rouge et Amnesty International.

Cette propagande, d'une efficacité redoutable, inverse les faits. Sans aucun doute des Ukrainiens ont-ils commis des exactions et le fait que les pro-Russes l'aient fait aussi n'est pas une excuse, mais le monde n'est pas celui qui apparaît aux yeux de beaucoup. On a d'autres preuves de l'implication directe des Russes, outre la reconnaissance par Poutine lui-même de l'invasion de la Crimée par ceux qui ont été appelés les petits hommes verts. Cette implication qui a commencé longtemps avant 2014 par des agents provocateurs, par une propagande sans frein, a été active avec présence dans le Donbass de militaires russes, avec incursion depuis la Russie de matériel militaire quand ce n'est pas des envois de missiles depuis la Russie. On a des preuves que, par exemple, 8 gradés russes sont intervenus directement dans le bombardement de Marioupol le 24 janvier 2015 faisant 29 morts. On a déterminé que deux batteries de lanceur de roquettes ont été apportés de Russie la veille de l'attaque jusqu'aux environs du village de Bezimenne. Voici les noms des officiers impliqués : Major General Stepan Stepanovich Yaroshchuk, Alexander Iozhefovich Tsapliuk, Alexander Anatolevich Muratov, Maksim Vladimirovich Vlasov, Sergey Sergeyevich Yurchenko, Alexander Valeryevich Grunchev, Colonel Oleg Leargievich Kuvshinov, Major General Dmitry Nikolaevich Klimenko, Colonel Sergey Ivanovich Lisai, Alexander Mikhailovich Evtody, Grayr Manukovich Egiazaryan

De même alors que les séparatistes perdaient pied, la Russie est intervenue, comme dit plus haut, soit directement depuis son territoire en lançant des missiles, soit en faisant entrer directement sur le territoire ukrainien des véhicules blindés et des tanks. Ce fut prouvé en aout 2014 sur la route de Novoazovs'k.

On ne peut passer à côté de la destruction en plein ciel de l'avion du vol MH17. Toutes les preuves ont été fournies comme quoi la Russie est impliquée directement en ayant fourni le lance missile, le missile, l'appui technique aux séparatistes. La propagande a été initiée très tôt avec des théories abracadabrantes, et surtout des retouches de photos satellite pour d'abord démontrer que c'était un avion ukrainien qui avait tiré (or ni l'altitude, ni la vitesse, ni l'impact ne seraient compatibles avec cette hypothèse), puis ce fut de dire que c'était les Ukrainiens qui avaient descendu l'avion. Avant toute chose il y a un point qui est que la science n'est pas une opinion et que, connaissant l'altitude (10.000 mètres) de l'avion, sa position dans le ciel et la portée du missile (30 km) il était tout simplement évident que ce missile n'avait pu être tiré que du territoire sous contrôle des séparatistes grâce au simple théorème de Pythagore. Ceci a été démontré très tôt. Il n'y avait aucun besoin de preuves annexes si ce n'est pour la justice. La physique seule suffisait à cette démonstration. La négation de l'implication tant de la Russie que des séparatistes a été une ligne de défense qui n'a pas bougé d'un millimètre. La ligne de défense de la négation, de la dénonciation, de création de fausses preuves, de l'implication réelle de l'adversaire est une constante absolue de la technique poutinienne de contre-information. S'y ajoute parfois une profusion de théories différentes afin de semer un doute indescriptible. Pour exemple savez-vous que, selon l'Institut de politique du King's College de Londres, alors qu'il ne fait aucun doute pour le monde entier que la Russie a tenté d'assassiner l'ancien officier du renseignement militaire russe Sergueï Skripal et sa fille Yulia au moyen de l'agent neurotoxique Novichok à Salisbury, en Angleterre, le 4 mars 2018, dans les quatre semaines qui ont suivi cet incident, les médias russes financés et dirigés par l'État, RT et Sputnik, ont diffusé 138 récits distincts et contradictoires dans le cadre de 735 articles ? Pour en revenir au MH17 à cette première hypothèse impossible (ce qui ne fait ni chaud ni froid à un officiel russe de raconter un bobard immense) se sont ajoutées d'autres actions de désinformation. Alors que la théorie de l'avion ukrainien ne pouvait tenir, on a parlé que c'était l'avion de Poutine qui était visé (il ne passait ni dans le même couloir, ni à la même heure). Ce fut aussi un test grandeur nature du fabricant des Buks qui voulait démontrer que le missile était parti de la zone ukrainienne. Pour ce faire il a utilisé une carcasse d'avion au sol et a fait explosé son missile. Mais qui peut comparer un avion qui se déplace à 850 km par heure à 10.000 mètres d'altitude, avec le vide correspondant qui créé des contraintes importantes avec une carcasse au sol ? Qui peut croire qu'un résultat quel qu'il soit ait une quelconque validité ? Pour l'enquête il y a eu littéralement un million de pièces. Le cheminement depuis la Russie du porte lance missile, les hommes, soldats et officiers impliqués, les conversations interceptées, les images satellites, les vidéos, les photographies. Il n'y a pas de doute raisonnable. Il y a une certitude à 100 % que les 298 victimes du vol MH17 du 27 juillet 2014 ont été exécutés par un missile Buk lancé par des séparatistes pro-russes avec le soutien effectif, la fourniture du missile, russes. Comme on l'a vu par ailleurs, si *Wikipedia* est une belle initiative c'est aussi un lieu de lutte où la vérité n'est pas certaine. Si vous allez visiter ce site, vous vous rendrez compte que sous prétexte d'être équilibré vous avez autant de place pour les théories fumeuses de la Russie que pour celles qui sont incontestables et que ce qui est incontestable est en plus contesté en mettant en doute les méthodes, les personnalités, les états. Cela va même plus loin. Est instillé un doute sur le vol lui-même : pourquoi a-t-il changé de trajectoire ? Pourquoi volait-il alors que cela était dangereux ? Pour cette dernière question, il faut savoir que contrairement à ces affirmations l'avion volait à plus de 10.000 mètres et que cette altitude était au-dessus de la seconde zone de danger. L'aviation civile avait d'abord indiqué un plafond de 8.500 mètres pour le relever à 9.800 mètres le 14 juillet. Donc volant plus de 10.000 mètres l'avion de la Malaysian Airline respectait les consignes de sécurité. Cette certitude de la responsabilité des séparatistes et des Russes ne peut être mise en doute. Et pourtant, sur ce *Wikipedia*, elle est mise en doute de façon parfois grossière, parfois subtile. N'apparaît pas, non plus, le le procès qui pourtant est clair. Pour information le 22 décembre 2021 le réquisitoire est le suivant (les trois premiers étant russes et le dernier un séparatiste ukrainien) : « *Nous demandons que les suspects Guirkine, Doubinski, Poulatov et Khartchenko, chacun pour leur responsabilité dans l'écrasement d'un avion ayant causé la mort et le meurtre de 298 personnes, soient condamnés à la prison a vie.* »

Pour cette tragédie du MH17 parmi les centaines de milliers de preuves il y a deux éléments de méta-données présentés par les Russes comme démontrant la falsification de faits. Il s'agit des enregistrements audio de ceux qui ont descendu l'avion et une vidéo. Ceci tient au fait tout simplement que la datation des téléchargements des vidéos par Google utilise un algorithme entre la date à partir de laquelle est comptabilisé le délai, celle-ci originelle, et la date de téléchargement pour mettre la date effective dans les métadonnées. Or il y a un écart entre la date originelle utilisée par Apple (propriétaire d'un CODEC) et celle de Linux utilisée par Google. Il y a tout simplement une erreur technique de 24 heures. Cette erreur n'a été corrigée qu'en 2019 par Google qui a ré-encodé toutes les vidéos avec les bonnes données temporelles, et donc était là en 2014. Les métadonnées étaient jusque là fausses, de 24 heures plus précoces. Cette erreur avait déjà été révélée avant par un blogueur puis expliquée par Anatoly Vorobey, qui travaille pour la société mère israélienne de YouTube, sur son blog personnel deux jours plus tard, le 20 juillet 2014. Ces enregistrements audio et cette vidéo sont bien authentiques et datées avec erreur et correspondent bien au dates et heures qui impliquent les séparatistes et la Russie.

Nous pouvons considérés que ces 298 victimes font partie des plus de 3.000 victimes civiles et qu'elles le sont du fait de l'action conjointe des séparatistes et des Russes.

A leur habitude les Russes ont contesté les preuves de leur implication. Comme d'habitude, ils choisissent deux ou trois éléments parmi des milliers, éléments qui peuvent paraître leur donner raison, alors qu'il y a des explications rationnelles qui leur donnent tort. Ils ont même lancé l'opération **Bonanza Media Project**. On y retrouve les services d'intelligence militaires de la Russie, autrement appelés le GRU dont on a déjà parlé. Le GRU a aidé à lancer et financer *Bonanza Media*, un projet médiatique spécial dédié à la diffusion de récits alternatifs sur les causes du crash de MH17, fondé début 2019 par l'ancienne journaliste de RT Yana Yerlashova avec l'aide du blogueur néerlandais Max van der Werff. Tous deux de longue date ont agi pour contrer les informations réelles et vérifiables concernant le crash du MH17 et la responsabilité russe. L'objet principal de ce media était au début de décrédibiliser le travail de la justice et de proposer des hypothèses alternatives. Yana Yerlashova dans un reportage a même accusé les Ukrainiens d'avoir planté des épaves d'avion pour faire croire à un crash qui n'aurait pas eu lieu. Cela ne vous rappelle-t-il rien ? Les techniques médiatiques sont les mêmes que pour ceux que l'on appelle les Thruters du 11 septembre : ils sont à la recherche de la vérité « vraie ». On nous cache tout. Vous connaissez la suite. Du reste Van der Werrff fut de tous les combats : 11 septembre, attaque chimique en Syrie à Douma. Par la suite ce médium s'est diversifié avec le COVID. On a remarqué cette sphère d'influence des complotistes qui se retrouvent de l'extrême droite à l'extrême gauche et qui sont de toutes les conspirations. Le chef au GRU qui a supervisé et supervise ce médium s'appelle Sergueï Tchébanov. Il est colonel.

Cette technique de communication, cette propagande on les retrouve dans le massacre de Boutcha où les Russes ont voulu faire croire à une mise en scène avec une main qui bouge et un cadavre qui se lève. Ce n'était qu'une goutte d'eau sur le pare-brise pour le premier cas, et une déformation dans le rétroviseur dans le second cas. Toujours la même technique de négation et d'accusation de l'adversaire de mise en scène, comme en Syrie. *Libération : Dans la soirée du lundi 4 avril, Vassily Nebenzia, le représentant permanent de la Russie à l'ONU, a même tenu une conférence de presse. Trente minutes de dénégations durant lesquelles il a accumulé les «preuves» (sic) de ce qu'il a désigné comme un «mensonge éhonté» : «Quatre jours après que l'armée russe a quitté la ville de Boutcha, il n'y avait pas un seul signe d'atrocités commises. Je le répète, pas une seule mention [du massacre]». Et d'ajouter : «Le contenu qui nous est présenté, en particulier à Boutcha [...], ne nous laisse aucun doute sur le fait qu'il a été mis en scène.»*

De même les dates : affirmation que le départ des Russes de la municipalité était le 30 mars alors que des preuves indiquent au plus tôt le 31 mars, que les vidéos datent de trois jours après alors qu'une vidéo date du 1er avril montrant les cadavres, et enfin que le maire se félicitait joyeusement du départ des Russes sans ne jamais citer de cadavres. Il s'agit de deux vidéos du maire. L'une où effectivement le maire est calme déclarant qu'heureusement il n' y avait aucune victime, date en fait du **27 février 2022** après que les Ukrainiens ont repoussé des attaques russes. Voici la légende sous cette vidéo : « *Au lendemain d'une intense bataille pour Boutcha, le maire se trouve sur les lieux. L'ennemi détruit sans pitié les logements et bâtiments de notre communauté, mais pour l'instant, le principal est de détruire cette colonne à l'approche de Kyiv. Ensemble, avec les forces armées et les autorités de la ville, nous stoppons l'agresseur par toutes les voies possibles. La bataille sur la rue Vokzalna n'a pas provoqué de pertes humaines, mais les zones résidentielles ont subi beaucoup de dégâts. Nous demandons aux habitants de poursuivre leurs efforts.* » La seconde date effectivement du premier avril. Ces images, diffusées sur la page Facebook de la municipalité, montrent l'édile Anatoliy Fedoruk devant la mairie de la ville. On peut l'entendre dire, d'après la traduction du journal *Libération* , que « *le 31 mars rentrera dans l'histoire de notre commune comme le jour de la libération des occupants russes par nos forces armées de l'Ukraine* ». Il ajoute : « *Ce jour est joyeux, il s'agit d'une grande victoire.* » Ceci est complété dans la matinée du 1er avril, pendant ce temps, par une autre vidéo qui a été partagée sur Telegram du secrétaire du conseil municipal (ou adjoint selon d'autres journaux) de Boutcha, Taras Shapravsky, déclarant : « *Actuellement, la ville reste sous occupation, de nombreuses mines, maisons et même cadavres. Par conséquent, nous demandons à ceux qui restent de ne pas s'approcher d'objets dangereux. La libération de la ville se poursuit, les forces armées ukrainiennes, la défense territoriale travaillent à retrouver chaque mètre de terre natale* ». Même si des preuves arriveront plus tard avec l'analyse des cadavres qui démontreront que leur décès est antérieur à la libération, de nombreux témoignages recueillis par les ONG, une analyse d'une vue satellite haute définition de la société Maxar du village mi mars montre des corps au sol qu'un journaliste a pu comparer et faire coïncider avec ceux montrés dans la vidéo : forme, position. Il n'y a aucun doute. Un des arguments ignominieux du pouvoir russe et de ses relais (ambassade, Trolls, complices occidentaux, journaux, blogues etc.) est de dire que les cadavres sont « frais ». Ceci est contredit par le témoignage d'un reporter de M6, Guillaume Brunero qui est entré dans Boutcha avec son équipe le 2 avril à 14 heures 30, par hasard après avoir contourné les barrages et les routes détruites. Il dit à propos des cadavres qui « *n'étaient pas frais* » : « *Ils étaient gris, bleus et gonflés. [...] L'impression qu'on a tous eue, c'est celle de gens surpris dans leur activité quotidienne par quelqu'un qui abat de façon aléatoire les gens qu'il voit. Il y avait notamment un homme écroulé devant une palissade qui comportait les marques d'une rafale d'arme automatique, au niveau de l'abdomen. Et un autre vieux monsieur mort, tombé sur son vélo.* » Un autre témoignage d'un journaliste de Reuters indique que des corps était en état de décomposition qui laisserait supposer que ces civils seraient morts depuis plusieurs jours, voire plusieurs semaines. Dans son reportage une femme âgée témoigne en indiquant que les Russes les forçaient à porter des brassards blancs. On se souvient d'avoir vu sur les images des hommes, mains liées au dos avec du tissu blanc. On voit même cette image épouvantable d'un enfant nu, assassiné, les mains aussi liées dans le dos, dans la vidéo présentée par Zelensky devant le conseil de sécurité de l'ONU. Pour terminer voici un autre témoignage sur France Inter d'un Ukrainien, Artem, : « *Il y a eu des jets de grenades dans des caves, et des mines qui étaient installées devant les portails des habitations. Et en sortant de chez eux, des civils ont sauté sur ces mines.* »

La propagande russe, bien aidée par leurs relais conscients et inconscients en Occident et en Europe, est si efficace qu'un sondage réalisé les 11 et 12 avril 2022 en Italie fait froid dans le dos : 46 % des personnes pensent que *sur la guerre en Ukraine, la plus grande partie des informations en Italie est manipulée et déformée* et plus grave 23 % que *les informations et les images des présumés crimes de guerre de l'armée russe sont une mise en scène du gouvernement ukrainien* !

Des informations qui deviennent indicibles tellement c'est monstrueux, disent qu'après avoir tué les hommes de la famille des soldats russes ont violé les mères devant leurs enfants, et certains ont ensuite broyé leur corps sous les chenilles des chars. Tout comme on voit des corps calcinés. On a pu voir nombre de vidéos où des chars se détournent de leur route pour venir écraser une voiture. On a vu un char à un carrefour, se tourner vers une voiture venant d'une route perpendiculaire, et faire feu. La voiture explose sous l'action de l'obus. Une vidéo de drone montre à Boutcha un char faire feu sur un cycliste. Il ne faut pas croire que cela s'arrête à Boutcha. A Irpine, à Hostomel, à Tchernihiv, à Borodyanka où un journaliste du *Figaro* a relaté une ville dévastée et où les soldats russes après avoir été repoussés sont revenus se venger sur la population civile, à Motyzhyn où la mairesse, Olga Sukhenko, avait été enlevé fin mars a été retrouvée assassinée avec son mari et son fils.

Alors que tout cela est su, connu, croyez-vous que cela a empêché les Russes de lancer des roquettes sur la gare bondée Kramatorsk de le 8 avril 2022 faisant plus de 50 morts et 100 blessés, civils qui voulaient fuir, Russes qui ont accusé les Ukrainiens de les avoir bombardés pour les empêcher de partir et de s'en servir comme bouclier humain ? Doit-on rappeler encore qu'un civil chez lui ou faisant la queue pour chercher du pain n'est en rien un bouclier humain. Il ne peut l'être que s'il est exposé devant une cible militaire. Ce terme même employé par les Russes prouve à lui seul leur absolue mauvaise foi. Il est utile à leur propagande car il véhicule une image d'horreur absolue et de cynisme, tout en empêchant tout simplement de raisonner et de se dire que non être un civil n'est pas être un bouclier humain s'il n'est pas utilisé comme tel, mais en revanche les assassiner avec des roquettes est bien la stratégie de la terreur et de la cruauté déjà appliquée à Alep par les Russes et à Grozny.

Pour cette attaque contre la gare de Kramatorsk, - doit-on écrire une nouvelle fois comme d'habitude ? - les Russes retournent l'accusation avec une vérité alternative : ce serait un missile Tochka que l'armée russe n'utiliserait pas, mais seule l'armée ukrainienne. Or des enquêtes ont prouvé l'utilisation de ces mêmes missiles à Tcheinihiv, dès le 6 mars , Amnesty International parle du 24 février à Donetsk, et une vidéo tournée la veille au Belarus montrait des lanceurs russes de ces missiles se déplaçant vers l'Ukraine. De plus une inscription en blanc sur le fût du missile, en russe, dit : « pour nos enfants » qui est l'inscription habituelle des séparatistes pro-russes. Par ailleurs les militaires russes, avant d'avoir effacé leur message, se flattaient d'avoir détruit des dépôts d'armes dans trois gares environnant celle de Kramatorsk. En février 2021 lors de journées portes ouvertes, on a pu voir ces missiles appartenant à la 47ème brigade russe de missiles, brigade qui dépend de la 8ème armée qui intervient dans le Donbass. Enfin, ce qui prouve que c'est une volonté délibérée de faire un maximum de victimes c'est que ces missiles sont des missiles à sous-munitions, et, de ce fait, inadapté pour détruire un dépôt de munitions, a contrario que ce sont bien des civils qui étaient visés. Bien évidemment les Russes ont nié et accusé l'Ukraine de provocation. On assiste à une technique rodée : nier, puis accuser l'adversaire, puis nier encore, puis lancer un brouillard épais de multiples hypothèses et utiliser des Trolls quand la population cible ne peut plus croire à cette propagande pour noyer le tout en disant que oui mais les USA ont fait pire. Les Russes utilisent aussi une technique bien connue, celle du grain de sable. L'idée, même si le mensonge est grossier et connu comme tel, est de focaliser l'attention sur un objet, même microscopique en regard de l'ensemble des faits, afin de détourner l'attention du principal. Alors qu'il y a des milliers de grains de sable, justement dans le sable, on est focalisé sur un seul presqu'oubliant le reste, se focalisant sur ce grain, perdant son énergie et du temps à démentir, démontrer l'absurdité de l'affirmation.

Mais comment s'étonner de ces massacres alors que tout le monde sait que les Russes ont bombardé des hôpitaux, des écoles, des musées, des universités, des habitations, des supermarchés, des convois humanitaires, avaient déjà utilisé des bombes à sous-munitions (au moins 24 fois selon la Haute commissaire des droits de l'homme à l'ONU, Michele Bachelet, lors de son discours du 30 mars), peut-être des bombes au phosphore, la destruction des alimentations en eau et énergie, des voies ferrées ou encore des routes, ? Qui ? Et c'est justement le rôle de la focalisation sur le grain de sable, laisser en arrière plan toutes ces monstruosités passées et connues pourtant. Cependant comment faire les étonnés quand on a eu les échos du siège d'Alep ? Voici pourtant l'idée que l'on pouvait se faire de ce qu'il se passait en Ukraine antérieurement au massacre de cette gare en lisant cet extrait du *Figaro* du 28 mars 2022, qui nous dit qui massacre qui :

Près de 5000 personnes ont été tuées dans la ville de Marioupol depuis que la ville est assiégée par l'armée russe, a déclaré lundi un porte-parole du maire de la ville. Selon les autres données relayées par la mairie, 90% des bâtiments de Marioupol ont été endommagés et environ 40% ont été détruits.

Le même ordre de grandeur a été évoqué par une conseillère de la présidence ukrainienne, en charge des couloirs humanitaires. « Environ 5000 personnes ont été enterrées, mais les gens ne sont plus enterrés depuis dix jours à cause des bombardements continus », a annoncé Tetiana Lomakina à l'AFP, estimant qu'« au vu du nombre de personnes encore sous les décombres (...) il pourrait y avoir autour de 10.000 morts ».

Et ceci en 33 jours de guerre, et en une seule ville. Souvenons-nous du théâtre de Marioupol où les pro-Poutine riaient en disant : *il y avait un abri, donc il n'y a pas de morts* (on supposait 300 dans ce théâtre) et cet argument répété sans arrêt sous les articles : *si les Russes voulaient détruire Marioupol, il y a longtemps qu'il l'auraient fait.*

Au fur et à mesure que les villes sont libérées, le monde entier peut juger de la brutalité et de la cruauté d'au moins une partie de l'armée russe.

Il faut tout de même dire plusieurs mots sur cette armée russe après les massacres qui se révèlent jour après jour autour de Kyiv où l'on a découvert chaque jour des fosses, des hommes les mains liées dans le dos et assassinés d'une balle dans la tête, le nombre considérable de viols, de torture. Mi avril 2022, l'enquête ukrainienne a déclaré qu'à Boutcha 95 % des victimes avaient reçu une balle soit de fusil de précision, soit d'armes de poing. Mais tout cela nous le savions, aveugles volontaires. Ce fut le cas en Tchétchénie, en Afghanistan. Les armes chimiques furent utilisées en Syrie. Cette armée est majoritairement lâche et cruelle. Elle utilise des missiles à longue distance. Elle vise essentiellement les populations. Elle utilise surtout des bombes à sous-munitions et des mines. Ces bombes à sous-munition n'explosent au contact du sol qu'entre 60 et 95 %. Les autres n'explosent que plus tard. Ces militaires « perfectionnent » leurs mines de telles sorte qu'elles n'explosent qu'après un certain délai ou bien, ce qui les rend extraordinairement mortelles et dangereuses, grâce à un sismographe qui détecte les pas d'une personne à quelques mètres. Elles peuvent blesser et tuer dans un rayon de 16 mètres. Savez-vous que l'armée russe a laissé des mines anti-personnelles dans la plupart des 30 pays où on en trouve (quoiqu'il en soit toutes de fabrication soviétique ou russe), qu'elle a laissé 30 millions de ces objets de mort en Afghanistan ? Qu'il y a des morts à cause de ces mines des années plus tard, jusqu'à 15 ans, 30 ans après ? Qu'en Ukraine plus de 54.500 engins ont été neutralisés au 12 avril 2022 ? Qu'en 2015 dans le Donbass 109 enfants ont été blessés et 42 tués par ces mines russes ? Que c'est sans doute une des régions la plus minée au monde et ce par les Russes et les séparatistes pro-Russes - on parle ici de 300.000 km2 ? Selon Perrine Benoist, directrice de la réduction de la violence armée pour l'ONG Handicap International, « Il faudra 50 ans pour tout déminer », rappelant qu'« on démine toujours au Laos, au Cambodge et au Vietnam, 50 à 60 ans après ». Outre les morts, les brûlures d'inhalations, les amputations, la présence de ces mines empêchent un accès facile aux humanitaires et également, à cause du risque, attaque l'économie directement par le risque lui-même qui impose la prudence et donc la lenteur et parfois rend inaccessible le temps de déminer les lieux de vie, de travail, de loisir.

Nous savions depuis de longue date que cette armée est congénitalement cruelle. Nous le savons par les ordres interceptés (« Tuez-les tous » « Interrogez les soldats, puis tuez-les »). Comment pourrait-on dédouaner les soldats russes (hors ceux qui refusent les ordres) quand ces exactions sont généralisées en Ukraine ? Que dire de l'aviateur qui envoie son missile sur le théâtre de Marioupol, sur un hôpital, une école, une maternité, un bâtiment de la Croix-rouge ? Quand il est écrit au sol en russe ENFANTS ? Quand on voit la croix rouge sur un bâtiment ? Que dire de ces pilotes de chars qui écrasent sous leurs chenilles une voiture ou lancent un obus vers une voiture ou un cycliste ? Que dire des soldats qui tirent sur les convois humanitaires ? Que dire de ces viols de femmes, d'enfants même de nourrissons, parfois devant leurs parents ce qui rend une avenir des plus sombres car comment peut vivre une mère qui non seulement a vu son enfant se faire violer mais a été impuissante à l'en empêcher et cet enfant qui devait croire que ses parents étaient là pour le protéger et les a vus impuissants ? Que dire des artilleurs qui savent quelle est leurs cible et qui appuient sur le bouton ? Du haut de la chaîne de commandement, de Poutine au simple soldat qui peut exonérer qui que ce soit de toutes ces exactions ?

Il faut aussi dire d'autres mots du peuple russe. Certes il est endoctriné, mais des reportages démontrent qu'une majorité de Russes préfèrent volontairement ne pas savoir.

Croyez-vous que ce soit juste d'entendre dire à longueur de temps : c'est Poutine le responsable, mais non le peuple russe à qui on ne veut pas de mal ? Qui vote aux élections ? Qui met au pouvoir Poutine et les députés qui le soutiennent ? Selon certains sondages depuis la guerre, l'image de Poutine se serait améliorée et une bonne partie des Russes seraient derrière lui. Oui, mais la propagande me direz-vous ? Certes mais en Ukraine, en Pologne, en Tchécoslovaquie, en Roumaine, dans les pays baltes, en Allemagne de l'Est, il y avait aussi des propagandes féroces. Et qu'ont fait les populations ? Elle ses sont révoltées. Et malgré des canaux d'informations bien plus restreints qu'aujourd'hui. Et en 1917, la tchéka n'était-elle pas aussi forte que le KGB ? On ne peut pas exonérer le peuple russe de ce qu'il se passe en Ukraine. C'est trop facile. On n'a pas exonéré le peuple allemand. Le peuple allemand a été mis au ban des nations. L'histoire retient la culpabilité du peuple allemand. On fait nombre de films qui montrent les Allemands comme des salopards. Alors quel est ce mystère qui exonère les Russes de leur responsabilité ? Il ne faut pas oublier, il ne faudra jamais oublier, qu'il y a 200.000 soldats russes, de ce peuple russe, avec des parents, des amis, dont une grande majorité sait ce qu'elle fait et que par haine, par nature, ces soldats ne respectent aucune règles, même si c'est très étrange de parler de règle dans la guerre - ce qui permet à beaucoup de dire : mais alors, où serait le problème la guerre est sale ? : volontairement ils ne veulent pas voir la différence entre se battre entre miliaires dont c'est la vocation, et des militaires planqués loin qui envoient de missiles sur des civils, qui usent de phosphore et d'armes à fragmentation ou au contact violent, assassinent des femmes, des enfants, des civils, ce relativisme de collabos - et qu'elle commet des crimes de guerre, comme cette armée n'a eu de cesse d'en commettre partout où elle est intervenue. Cela est possible non seulement car ces soldats ont une impunité totale - et risquent la mort en cas de refus d'obéir - mais en plus en sont récompensés.

Qui ne peut que se révolter devant le cynisme absolu des responsables du Kremlin quand on les écoute et qu'ils donnent leur version des faits ? Ceci :

Les soldats russes « ne bombardent pas les civils » en Ukraine, déclare le Kremlin. Dans son entretien sur la chaîne américaine PBS, le porte-parole du Kremlin, Dmitri Peskov assure que Moscou ne vise pas les civils en Ukraine.
« Dès le début de ces opérations spéciales, les militaires russes avaient un ordre très strict du commandant en chef de ne pas viser des cibles civiles. Et ils ne le font pas », avance-t-il.
« Ils ne bombardent pas des maisons. Ils ne bombardent pas des appartements. Ils ne bombardent pas d'objets civils. Ils ne font que bombarder et viser des infrastructures militaires, dans le contexte de l'un des principaux objectifs de l'opération : la démilitarisation de l'Ukraine », ajoute-t-il.
Selon M. Peskov, ceux qui visent les bâtiments civils sont les Ukrainiens eux-mêmes.
Qui ruine l'infrastructure civile de Marioupol, par exemple ? Ce sont ces bataillons nazis. Ils tuent simplement ceux qui voudraient s'échapper de la ville. Et ces bataillons nazis, ils utilisent les appartements comme abris pour leurs fusils, pour leurs armements, pour leurs chars, pour leurs snipers.

A superposer à ces affirmations ahurissantes de l'ambassadeur russe à l'ONU le 22 mars 2022 à la *Radio Télévision Suisse* :
« Nous sommes en faveur d'arrêter le massacre, mais vous devez regarder la situation réelle : le massacre est perpétré par l'autre partie, par les radicaux ukrainiens et les néo-nazis. Nous n'envahissons pas l'Ukraine, nous conduisons des opérations militaires limitées, parce qu'il n'était pas possible de tolérer plus de souffrances pour les Russes qui vivent depuis 8 ans dans le Donbass. »
« Vous devez aussi regarder ce que diffuse la télévision russe. Nous ne combattons pas des Ukrainiens ou d'autres

personnes, mais les bataillons néo-nazis, et nous attaquons les installations militaires. C'est pourquoi cette opération prend tellement de temps. »
« *Mais nous devons en finir avec les néo-nazis, parce que cela crée une menace non seulement pour la Russie, mais vous verrez dans le futur, si ça continue, cela créera une menace pour toute l'Europe, et cela créera une nouvelle Guerre froide.* »
« *Notre but, c'est de sauver avant tout les populations russes en Ukraine.* »

Dans ce même discours l'ambassadeur a osé cette qualification : ***Nous essayons de bombarder de façon très délicate*** (!)

Ceci est à rapprocher d'une déclaration de Poutine du 12 avril suffocante : « *Les objectifs sont absolument clairs et* ***nobles****. D'un côté, nous aidons et sauvons des gens au Donbass et, de l'autre, nous prenons simplement des mesures pour garantir la sécurité de la Russie elle-même. C'est clair que nous n'avions pas le choix. C'était la bonne décision* » et en parlant de l'invasion qui se déroulait *de manière* ***harmonieuse, calmement …***

Comment est-il possible de tenir un tel discours ? Les officiels russes ont abandonné toute humanité. Comment peuvent-ils se regarder dans une glace ?

Cette propension perpétuelle des hommes du Kremlin de nier la réalité, d'inverser les rôles, de mentir, d'accuser les autres de leurs propres turpitudes est déstabilisante tout en étant effrayante. Les faits sont connus et reconnus.

Déjà, le 30 mars 2022 quelques jours avant que le massacre de Boutcha ne soit connu, la Haute commissaire aux droits de l'homme de l'ONU, Michelle Bachelet, évoque « *des crimes de guerre* » et met en cause la Russie. Elle a estimé, mercredi, que les attaques indiscriminées et à grande échelle menées par les forcées armées russes « *pourraient être des crimes de guerre* ». L'ancienne présidente du Chili n'a laissé aucun doute sur le fait qu'elle estime que la Russie est la principale fautive même si elle n'a pas totalement dédouané les forces ukrainiennes.

Elle a notamment rappelé que les forces armées russes ont attaqué et bombardé de nombreuses villes en Ukraine et elle a aussi détaillé les attaques contre des infrastructures de santé. « *La destruction massive d'objets civils et le nombre élevé de victimes civiles indiquent fortement que les principes fondamentaux de distinction [entre cibles militaires et les civils], de proportionnalité et de précaution n'ont pas été suffisamment appliqués* ».
« *La terreur et l'agonie vécue par le peuple ukrainien sont ressenties dans le monde entier. Il veut que la guerre s'arrête, revenir à la paix, la sécurité et la dignité humaine. Et il est grand temps que leur appel soit entendu* »

Elle s'est inquiétée de l'utilisation d'armes à forte puissance et à large rayon d'action dans les zones peuplées, qui provoquent « *des dommages massifs sur des objets civils* ». Elle a aussi dressé un tableau détaillé des attaques contre les structures de santé. Quelque 77 ont été endommagées, dont 50 hôpitaux et une dizaine de ces structures ont été totalement détruites. Mais elle estime que le nombre réel « *est probablement considérablement plus élevé* ». En effet deux semaines plus tard l'OMS révélait qu'il y avait eu au moins une centaine d'établissements de santé détruits ou partiellement détruits, en tout cas bombardés.

Le gouvernement ukrainien mi-avril donne ces informations : 196 services de santé, 400 jardins d'enfants, 7.000 immeubles d'habitation, 59 édifices religieux endommagés ou totalement détruits, 84 institutions d'éducation entièrement détruites, 844 endommagées. C'est sans compter les musées, les routes, les lignes de chemins de fer etc. Il faut préciser que chacun des chiffres cités dans ce livre le sont à une date donnée et qu'évidemment ils évoluent dans le temps, et malheureusement vers pire.

Lorsque l'on découvre ce qu'il s'est passé dans les environs de Kyiv, et que l'on dénombre de façon non exhaustive plus de 500 cadavres, qu'à Marioupol les estimations vont de 5.000 à 10.000, peut-être 20.000, on pense bien que le nombre début avril 2022 de plus de 1.300 morts ukrainiens qu'indiquait l'ONU était extraordinairement sous-estimé, d'autant que doivent s'ajouter les soldats morts au combat. L'ONU qui a dit revoir plus tard en avril ses méthodes de comptabilisation au vu des découvertes de Boutcha et des autres communes environnantes de Kyiv. On ne peut qu'être conscient que cette comptabilité macabre est révoltante, sinon indécente. Cependant il faut la faire. Comme il ne faut pas oublier les 11 millions de déplacés dont plus de 4,7 ont quitté le pays ce qui en fait la vague migratoire la plus rapide jamais constatée depuis la fin de la dernière guerre mondiale.

Déjà, lors de la présentation à Johannesburg de son rapport 2021-2022 d'Amnesty International, après un mois de conflit en Ukraine, la secrétaire générale de l'ONG, Agnès Callamard, accusait la Russie de permettre des couloirs humanitaires pour les transformer en un «piège mortel»
AFP : « *Nous sommes dans des attaques intentionnelles d'infrastructures civiles, d'habitations* ». Comparant à la Syrie (une répétition) avec une multiplication de crimes de guerre. N'oubliant pas les années de guerre en Tchétchénie et la ville de Grozny rasée comme celle d'Alep en Syrie.

Il faut savoir que 48 % des vétos du conseil de sécurité de l'ONU viennent de la Russie, qui en a émis 15 pour bloquer toute enquête sur ce qu'il s'est passé en Syrie notamment l'utilisation de gaz à Douma. Depuis le premier vote d'un veto (évidemment c'était celui de l'URSS) en 1946 la Russie en a utilisé 143 contre 86 our les USA, 30 le Royaume-Uni et 18 pour la Chine et la France. La Russie n'a eu de cesse de se protéger et de protéger les exactions de ses complices. Et dire que ce sont les USA qui ont l'image que celle que devrait avoir la Russie qui s'est protégée quasi le double de fois. A ce propos d'utilisation de vétos protecteurs (en Syrie) Wikileaks, proche de Moscou, a joué un rôle très trouble, utilisant deux faux témoignages de deux ex-employés de l'organisme d'enquête, de contrôle des armes chimiques, faisant croire révéler des conclusions qui nieraient l'usage d'armes chimiques, alors que ces deux employés n'étaient plus là lors de la conclusion d'enquête et que même, l'un de deux n'y participait même pas. L'enquête a révélé avec certitude l'usage d'armes chimiques par le pouvoir syrien épaulé par les militaires de Poutine qui a fait bloquer, grâce à son veto, les résolutions d'enquête du conseil de sécurité de l'ONU par 15 fois. Ces deux ex-employés Whelan et Henderson ont menti tant sur leurs réelles attributions au sein de l'OIAC qui enquêtait sur l'utilisation des armes chimiques à Douma, que sur les faits. Tout le moins les affirmations de Henderson et Whelan étaient imparfaites, exagérées et parfois activement trompeuses. Henderson ne faisait plus partie des membres de l'enquête pendant le temps où la plus grande quantité d'informations issues de l'enquêtes sont apparues. Wikileaks a fait fuiter des emails qui - en pleine contradiction avec ce qu'ils ont voulu faire croire - accrédite justement que Henderson n'est plus membre de l'enquête aux moments cruciaux. Henderson, ne faisant plus partie de l'équipe a menti à son université en faisant croire qu'il y travaillait encore afin de faire sa propre évaluation. Le rapport de l'OIAC confirme que son « *évaluation de l'ingénierie* » **était un rapport non autorisé réalisé avec des informations incomplètes par une personne qui a constamment induit en erreur afin d'obtenir ce qu'elle voulait personnellement**. En ce qui concerne Whelan, il a quitté l'OIAC en août 2018, juste après la publication d'un rapport d'étape, et donc n'était pas présent pour la majorité de l'enquête de la Mission et n'avait pas eu accès aux informations relatives à celle-ci. L'étude du pré-rapport a duré du 7 avril 6 juillet 2018 (moins de 4 mois) alors que l'étude au global a duré jusqu'au 1er mars 2019, remise du rapport final soit près de 11 mois. Pendant 7 de ces 11 mois Whelan n'était plus membre de l'OIAC. Tout ceci a servi, à partir d'un rapport d'étape incomplet qui supposait le non emploi d'armes chimiques mais avec la nécessité d'approfondir l'enquête qui a ensuite permis de prouver leur utilisation par le pouvoir syrien contre la population civile avec la complicité et l'appui des Russes, à faire croire que le rapport final était faux et qu'il n'y avait pas eu d'attaque chimique. Wikileaks qui a eu entre les mains bien d'autres informations prouvant la fausseté des déclarations de ces faux lanceurs d'alerte, a jugé bien de ne pas les diffuser. Jugez par vous-mêmes. Laissons la parole à Fernando Arias, le directeur général de l'OIAC :

« *Les inspecteurs A et B ne sont pas des lanceurs d'alerte. Ce sont des personnes qui ne pouvaient pas accepter que leurs opinions n'aient pas été étayées par des preuves. Lorsque leurs points de vue n'ont pas pu gagner du terrain, ils ont pris les choses en main et ont manqué à leurs obligations envers l'Organisation. Leur comportement est d'autant plus flagrant qu'ils disposaient d'informations manifestement incomplètes sur l'enquête Douma. Par conséquent, comme on pouvait s'y attendre, leurs conclusions sont erronées, mal informées et erronées.* »

Ce détour par la Syrie est là pour appuyer les deux points principaux qui sont la propagande à tous niveaux avec tout le poids possible de la Russie utilisant son droit de véto au conseil de sécurité de l'ONU pour empêcher que la vérité soit connue et l'inhumanité du pouvoir russe pour qui ces hommes ne sont que de la viande comme un traitant russe l'a dit au téléphone à un agent dans un pays à déstabiliser quand ce dernier lui disait que c'était ses hommes dont la vie était en jeu. L'intérêt supérieur commandait à ne considérer les hommes, fussent-ils des alliés, que comme de la viande si au bout cela permettait de faire croire à l'implication de la partie adverse. On l'a vu dans cette guerre où la Russie est prête à faire bombarder ses propres villages pour faire croire que cela vient de l'Ukraine.

On sait aussi par des conversations dans cette guerre en l'Ukraine par les divers services de renseignements qui les ont été captées que c'est délibérément que les Russes visent les civils. Par exemple cette conversation-ci : « *Décision a été prise de retirer toutes les unités russes du quartier résidentiel, l'artillerie va cibler la zone* ». Vous avez entendu comme argument pour justifier l'injustifiable, qui comme ces mensonges si gros qu'ils nous abasourdissent, cette hypothèse absurde que ce sont des soldats qui sont dans les hôpitaux afin de se servir de la population comme bouclier humain. Comme bouclier humain ! C'est ce que faisait Saddam Hussein en obligeant la population à protéger de leur corps les objectifs militaires, mais utiliser un hôpital pour y mettre , soit disant des soldats est tout sauf utiliser les civils comme bouclier humain, car c'est tout le contraire puisque justement les civils ne seraient plus dans l'hôpital. Comment les colporteurs de cette absurdité peuvent-ils le faire ? Et c'est efficace car seule limage frappe l'esprit : bouclier humain, et l'horreur de l'image bloque le simple bon sens qui démontre à quel point cet argument est stupide. On en a parlé plus haut à propos de Boutcha et de l'accusation russe d'une mise en scène des Ukrainiens du massacre. Dire que des commentateurs reprennent ces accusations au pied de la lettre. On en voit qui sont ahurissants. Imaginez une seule seconde les questions que soulèvent cette hypothèse d'une absurdité totale : d'où viennent les cadavres ? Comment en si peu de temps les Ukrainiens auraient-ils pu mettre en scène ces cadavres ? Et encore plus absurde : comment auraient-ils pu enterrer les 300 corps des fosses communes ? Comment ignorer que la médecine légale prouvera que les morts datent de plusieurs jours ? Comment organiser tout ceci sans que cela ne se voit, sans qu'il y ait des images, des témoignages ? C'est tout simplement vertigineux. On peut supposer qu'il faut une dose de haine monstrueuse contre l'Occident, les Ukrainiens, les USA pour croire un telle hypothèse. Ou alors il faut y croire pour ne pas se remettre en question ayant soutenu le pouvoir russe dans le passé. Par exemple, lisez un peu cette question sur le direct du journal *Le Monde* à 6 h 47 le 6 avril :

« *Bonjour, Je ne peux pas imaginer une seule seconde, qu'une grande armée comme celle de la Russie ait délibérément laissé tous ces corps tués, mutilés, attachés en pleine rue. J'écarte aussi l'hypothèse d'une machination ukrainienne. Il ne reste qu'une possibilités, c'est une action volontaire de militaires russes cherchant à déstabiliser leur propre régime. Sinon c'est une équipe d'amateurs sans encadrement de gradés. Qu'en pensez-vous ? Y a-t-il des faits apportant un éclairage ?* »

Vous imaginez à quel point il faut soit être endoctriné, soit avoir l'esprit pervers pour poser cette question en affirmant que ce n'était pas possible de cette armée - alors que le monde entier sait ce quelle a fait en Syrie, en Tchétchénie, en Afghanistan - puisse agir ainsi. Et cette remarque tout autant ahurissante que ce serait des militaires qui chercheraient à déstabiliser son propre pouvoir. Comment peut-on en arriver à une telle aberration intellectuelle ? Comment alors que l'on sait, comme déjà dit, que les Russes ont bombardé les hôpitaux, les maternités, les écoles, les couloirs humanitaires, arrêté et tué des édiles, des journalistes ?

Voici un autre message tout aussi ahurissant, toujours lors d'un tchat du site *Le Monde* du 20 mars 2022 :

« *Est-ce qu'il est exact de considérer que l'armée Ukrainienne refuse la confrontation frontale qui lui serait défavorable, au profit d'une sorte de guérilla, principalement urbaine...*

Et que donc malheureusement, ce conflit risque de durer très très longtemps, avec des dégâts matériels et humain absolument considérables, comme en Syrie »

L'auteur de ce message considère donc que les Ukrainiens, afin que la guerre ne dure pas, devraient choisir une méthode de combat pour se faire massacrer, une méthode qui les rendrait inférieurs. En somme cet internaute dit que les soldats ukrainiens doivent mourir en facilitant les envahisseurs dans cette guerre. Comment ne peut-il pas se rendre compte de la monstruosité de sa remarque ? Comment ne peut-il pas suivre le raisonnement le plus simple qui soit : **pour que cette guerre s'arrête il suffit que la Russie l'arrête** et qu'ainsi à la seconde même n'y aura plus guerre et plus de morts ? Il fait un constat sur la durée mais en accuse au préalable l'Ukraine. C'est vertigineux.

Une des justifications de cette invasion serait de dénazifier l'Ukraine. On a parlé du groupe Wagner, des autres néo-nazis russes, il faut aussi revenir un peu sur le passé. Le manque de connaissances en culture générale et de la guerre de 39/45, de la propagande nous fait passer à côté de certaines évidences. Nous sommes accablés par le nombre considérables de morts de l'URSS lors de la seconde guerre mondiale et ce nombre masque une réalité qu'il est très difficile de faire accepter. Réalité que tout le monde semble ignorer ou faire comme si cela n'avait jamais existé. Le 23 août 1939 est signé un pacte de non agression entre Ribbentrop représentant l'Allemagne d'Hitler et Molotov représentant l'URSS de Staline. Il s'agissait alors, en plus de dépecer la Pologne en se la partageant, de se distribuer l'Europe à l'Ouest pour l'Allemagne et à l'Est pour l'URSS. Il faut aussi savoir qu'il y avait des accords secrets de ce partage et que ce traité de non agression germano-soviétique avait été initié dès avril 1939. Le 1er septembre l'Allemagne envahit la Pologne, le 17 septembre l'URSS envahit aussi la Pologne. Ensuite ce pays pacifique qu'est l'URSS après avoir fait ce qui fut appelée la guerre d'hiver contre la Finlande en a annexé deux régions dont la Karélie. Ensuite, encore, ce furent la Lituanie, la Lettonie, l'Estonie, une partie de la Roumanie. Entre le 23 aout 1939 et le 22 juin 1941 soit pendant deux ans, l'URSS a été le complice actif des nazis.

La partie secrète de ce pacte fut ensuite modifiée le 10 janvier 1941 et appelée **Traité germano soviétique d'amitié et de frontières**. Notez le terme d'amitié. Et celui de frontières. Ce n'est pas tout. Le 11 février 1940 est signé un accord commercial. L'URSS a aidé l'Allemagne nazie à contourner le blocus anglais. La Russie a fourni des centaines de milliers de tonnes de cotons, d'huile, de blé et reçu un cruiser, des avions, de l'armement. L'URSS a fourni également une base navale sous-marine non loin de Mourmansk. Enfin l'URSS est entrée en négociation pour faire partie de l'axe germano-italo-japonais afin de former un bloc continental. On est très très loin de l'image donnée par Poutine et avant lui l'URSS des héros anti-nazis. Et ce d'autant que les Français et les Anglais avaient proposé à Staline de faire partie d'un pacte anti Allemagne. Déjà le double jeu était la règle. Pendant que Staline faisait croire qu'il pouvait signer un accord avec les Anglais et les Français pour attaquer l'Allemagne d'Hitler, **et donc stopper précocement cette guerre**, il négociait un traité avec l'Allemagne qu'il a fini par faire signer par Molotov. La responsabilité de l'URSS dans cette guerre, dans sa durée avec les atrocités qui en ont découlé est historique, majeure, incontournable mais oubliée on non sue, ou camouflée.

Les deux points extrêmement importants qu'il faut souligner et qu'il est cependant difficile d'exposer - bien que ce soit nécessaire - est qu'en premier lieu sans cet accord, si l'URSS n'avait pas refusé son alliance à la France et l'Angleterre, et si l'URSS avait été aussi anti-nazie qu'elle a voulu le faire croire, et était entrée en guerre, justement par anti-nazisme dès 1939, jamais Hitler n'aurait duré aussi longtemps. Le second point aussi important est que ce n'est pas l'URSS qui a attaqué l'Allemagne nazie pour défendre des idéaux de liberté, mais que c'est l'Allemagne Nazie, s'étant crue si forte, qui a attaqué l'URSS. Ainsi en est-il que c'est pour se défendre et non pour défendre un idéal que l'URSS est entrée en guerre contre l'Allemagne. Qu'il y ait beaucoup de morts ne change strictement en rien les deux points évoqués plus faut. Enfin, on oublie bien vite - plus exactement la grande majorité de la population mondiale ignore - que les alliés et notamment les USA ont apporté un soutien logistique déterminant dans la guerre entre l'URSS et l'Allemagne. Ce soutien dont peu de monde est au courant est tout simplement vertigineux. Voici quelques chiffres qui vous donneront à réfléchir et qui vous montreront que, sans les USA, l'URSS aurait été écrasée par l'Allemagne :

400.000 jeeps et camions
14.000 avions
8.000 tracteurs
13.000 chars
Plus de 1,5 million de couvertures
15 millions de paires de brodequins
107.000 tonnes de coton
2,7 millions de tonnes de carburant (pour les avions, les camions et les chars)
4,5 millions de tonnes de denrées alimentaires

Et ce n'est pas tout : les Américains ont également envoyé des fusils, des munitions, des explosifs, du cuivre, de l'acier, de l'aluminium, des médicaments, des émetteurs-récepteurs radio, des outils radar, des livres et d'autres articles encore. Ils ont même expédié en Union soviétique toute une usine de la société Ford qui fabriquait des pneus pour les véhicules militaires. De 1941 à 1945, les États-Unis ont fait parvenir aux Soviétiques des biens et des services d'une valeur totale de 11,3 milliards de dollars, l'équivalent en 2016 de 180 milliards de dollars. Comparons aussi le nombre d'avions. dans la guerre actuelle avec l'Ukraine la Russie dispose d'environ 1.500 avions, les USA en avaient livrés 14.000. Pas besoin de vous faire un dessin.

Vous imaginez un peu 180 milliards de dollars ! Cela représente un quart des réserves de la Russie avant le 24 février. C'est 100 fois ce que les USA offrent aujourd'hui à l'Ukraine (à modifier depuis que les USA ont fait voter en mai plus de 33 milliards de dollars d'aide, mais cela reste moins d'un cinquième de l'époque). Cela s'est fait sous le régime d'une loi prêt-bail, soyons conscients que les USA savaient d'avance qu'ils ne récupèreraient qu'une infime partie de cette aide, mais il fallait une loi car, en démocratie, il faut des lois. Ce n'est pas comme en Russie où Poutine peut décider seul que les achats en gaz se feront en roubles.

Il y a donc une légende tenace que l'URSS était anti-nazie de nature, que les USA sont les diables absolus, que finalement la guerre n'a été gagnée que grâce à l'URSS. Cette affirmation est évidemment fausse pour les raisons que l'Allemagne était exsangue à cause des blocus, à cause de ses multiples fronts, que l'Allemagne avait déjà perdu la guerre en Afrique et dans le Pacifique avec ses alliés japonais, qu'elle ne pouvait pas se défendre sur deux fronts, ayant déjà perdu au sud - oublie-t-on que l'Italie ancienne alliée de l'Allemagne lui déclare la guerre le 13 octobre 1943, un allié de moins, et qui se retourne contre soi, est-ce que cela ne participe pas à la défaite ? Et pourtant l'Italie est considérée historiquement comme un pays fasciste oubliant ce fait mais valorisant l'URSS qui a aussi était un allié objectif : présentation opposée de l'histoire pour deux pays qui ont fait un chemin pourtant bien similaire - et étant en train de perdre à l'ouest avec le débarquement des alliés et enfin car, sans l'aide astronomique des USA, l'URSS n'aurait rien pu faire et contrairement à ceux qui affirment que sans les USA et leur aide, l'URSS serait arrivée toute seule à fabriquer ces centaines de milliers de véhicules, une bonne dizaine de milliers d'avions. L'URSS a participé à la victoire, mais à son niveau, et est co-responsable de la durée de la guerre ayant été l'allié actif des Nazis jusqu'en août 1941. Par ailleurs dans le nombre de morts de cette guerre une grande majorité est ukrainienne, une partie vient des prisonniers de droit commun qui ont servi de chair à canon et peut-être 25 % viennent des exactions des Soviétiques sur leur propre peuple et les populations asservies. On estime aussi à plusieurs centaines de milliers de soldats russes tués par leur propre armée pour les empêcher de quitter le front. Les pertes soviétiques sont effectivement énormes, mais il n'y a pas de rapport absolument direct entre ce nombre et l'attribution de la victoire contre l'Allemagne nazie en grande majorité à cette URSS, ce que la propagande, relayée par tous les partis communistes européens, en ont fait. A ce propos il faut évidemment évoquer le massacre d'officiers polonais à Katyn, que cette même propagande a fait attribuer à l'Allemagne, alors que toutes les preuves étaient là, alors que c'était un massacre soviétique. La Russie a fini par le reconnaître en 1990. 50 ans de croyance erronée, d'accusation contre l'Allemagne d'un crime commis par l'URSS. Cette URSS qui n'a eu de cesse d'envahir, de soumettre les peuples qui environnaient la Russie. Zelensky réclame un Nurenberg pour les crimes en Ukraine, il n'y en a jamais eu pour Katyn, l'Holdomor (famine en Ukraine dont résultat fut entre 3 et 7 millions de morts), les dizaines de millions de morts du régime communiste, les goulags, les procès de Moscou, la Syrie avec Alep, la Tchétchénie etc.

Comme on le voit et on le voit tout au long de ce livre, la puissance de la propagande russe est infinie. Les faits historiques les plus certains qui démontrent dans le temps la totale duplicité, la brutalité, la cruauté du pouvoir qu'il soit soviétique ou russe sont remplacées par une image tirée de héros qui sont soumis injustement à la vindicte et l'agressivité d'occidentaux russophobes. Déjà ce pacte de non agression germano-soviétique est présenté, non comme ce qu'il est : un projet expansionniste et une association mortifère avec l'Allemagne nazie, mais comme le juste droit de se défendre. On retrouve les mêmes arguments qu'avec l'Ukraine, les mêmes mensonges et la même volonté d'impérialisme tout en accusant les autres de vouloir le faire comme si accepter qu'un peuple qui vote démocratiquement veuille rejoindre une structure uniquement de défense sans agresser qui que ce soit était l'équivalent d'une invasion brutale et mortelle.

Cette invasion a été possible, comme déjà vu, par la non adhésion de l'Ukraine à l'OTAN, ce qui lui aurait apporté un tel soutien que Poutine n'aurait jamais osé l'attaquer. Du reste c'est bien parce qu'il a compté sur la pusillanimité et la division de l'Occident, et la faiblesse supposée de l'armée ukrainienne et peut-être sur la croyance auto-intoxiquée que l'armée russe, avec sa grande supériorité supposée et l'aura qui l'entoure, serait reçue à bras ouverts, au moins dans le sud et l'est du pays, qu'il a envahi l'Ukraine. Elle l'a été aussi à cause de cette propagande dont on a parlé et ses effets délétères, cette propagande qui a fait croire à une adhésion de l'Ukraine à l'OTAN (on a vu que c'était faux) à la négation au droit démocratique de s'associer avec qui bon le semble pour sa défense, l'asymétrie qui permet à la Russie, elle, d'avoir des missiles un peu partout (en Géorgie, en Crimée, au Belarus, en Moldavie, à Kaliningrad), de s'associer en groupe de défense à d'autres pays, à l'agressivité supposée et absolument fausse de l'OTAN contre la Russie alors que la Russie n'a eu de cesse d'être elle agressive, et à cette théorie soutenue et développée par tant de politiques, de journalistes que l'Occident arrogant humiliant la Russie et lui refusait la place qu'elle méritait dans le concert des nations. Et Vladimir Poutine demande-t-il l'avis des autres quand il crée l'Organisation du traité de sécurité collective (OTSC) qui unit, depuis 2002, la Russie, le Kazakhstan, l'Arménie, le Tadjikistan, le Kirghizistan ou l'Ouzbékistan, et ce après le pacte de Varsovie ? Non, évidemment. L'agressivité de la Russie n'est plus à démontrer. Alors que l'OTAN n'a jamais manifesté la plus petite intention d'agression de la Russie, celle-ci ne s'est pas gênée depuis de très nombreuses années de violer les eaux territoriales européennes par ses sous-marins, ou l'espace aérien européen par ses bombardiers sans transpondeur (c'est-à-dire sans possibilité de les localiser) plusieurs fois par an dont récemment l'espace suédois en mars 2022 avec quatre bombardiers, puis celui du Danemark, celui de la Finlande. Cette agressivité est concrète comme on l'a vu en Moldavie, en Géorgie, en Ukraine etc. Cette propagande fait porter à l'OTAN pacifique l'agressivité de la Russie quelle transforme en victime. Il faut aussi tordre le cou à l'idée que l'OTAN s'était engagée à ne pas s'étendre à l'Est, alors que non seulement ce n'était que des discussions, sans accord et que surtout c'était avant l'effondrement de l'URSS et donc dans une situation tout autre mais en plus au droit à un pays démocratique de choisir ses propres alliances sans à en avoir à référer son ancien tyran. D'une part les statuts mêmes de l'OTAN ouvrait dès 1949 la voie à d'autres adhésions européennes notamment l'article 10 du traité fondateur de l'OTAN, qui stipule que peut solliciter une adhésion « *tout État européen susceptible de favoriser le développement des principes du présent Traité et de contribuer à la sécurité de la région de l'Atlantique Nord* ». De plus des documents déclassifiés d'échange entre Bill Clinton et Boris Eltsine en 1997 prouvent que jamais d'accord signé n'avait été envisagé : « *Je ne peux pas prendre d'engagements pour le compte de l'OTAN, et ce n'est pas moi qui vais opposer un veto à l'élargissement de l'OTAN s'agissant de n'importe quel pays, et encore moins vous laisser, à vous ou à quelqu'un d'autre, le loisir de le faire... L'OTAN fonctionne par consensus.* ». L'OTAN fonctionne par consensus, par la volonté de pays qui veulent y adhérer de façon démocratique et non comme fonctionnait l'URSS avec une imposition venant d'en haut. Rien n'est comparable et cet argument de parole trahie est tout aussi faux que l'agressivité de l'OTAN à l'égard de la Russie. A propos de violation de traité, la Russie a violé celui signé le 8 décembre 1987, traité FNI (traité sur les forces nucléaires) : aux termes de ce traité, les États-Unis et la Russie ne peuvent posséder ni produire de missile balistique ou de croisière à lanceur terrestre d'une portée comprise entre 500 et 5 500 kilomètres, ne peuvent effectuer d'essais de vol d'un tel missile, et ne peuvent posséder ni produire de lanceurs de tels missiles. Dès 2013 on soupçonne la Russie de violer ce traité. Le 9 décembre 2017 la Russie reconnaît l'existence du missile SSC-9/9M729 qui est visiblement un missile à portée intermédiaire, interdit par ce traité signé par la Russie.

Et que dire de cette Russie qui a signé le mémorandum de Budapest conjointement avec les USA et le Royaume-Uni, 5 décembre 1994 qui accordait l'intégrité absolue de son territoire à l'Ukraine (et également au Belarus et au Kazakhstan) en contrepartie de sa dénucléarisation. La Russie viole sa signature. Elle a pu attaquer l'Ukraine car celle-ci a accepté de se séparer de son arsenal nucléaire On voit bien ici l'abyssale différence entre une supposée trahison d'un accord non existant et la réelle trahison d'un accord signé garantissant la souveraineté d'un pays. Pour que les choses soient claires voici deux points de ce mémorandum :

1. ***La Fédération de Russie****, le Royaume-Uni de Grande-Bretagne et d'Irlande du Nord et les États-Unis d'Amérique réaffirment leur engagement envers l'Ukraine, conformément aux principes énoncés dans l'Acte final de la Conférence sur la sécurité et la coopération en Europe,* ***de respecter son indépendance et sa souveraineté ainsi que ses frontières existantes.***

2. ***La Fédération de Russie****, le Royaume-Uni de Grande-Bretagne et d'Irlande du Nord et les États-Unis d'Amérique* **réaffirment leur obligation de s'abstenir de recourir à la menace ou à l'emploi de la force contre l'intégrité territoriale ou l'indépendance politique de l'Ukraine***, et qu'aucune de leurs armes ne soit utilisée contre l'Ukraine, si ce n'est en légitime défense ou d'une autre manière conforme aux dispositions de la Charte des Nations Unies.*

Le lire se suffit à soi-même.

Il faut donc s'étendre sur cette supposée humiliation. nombre de personnes « qui comptent », comme l'ont dit, ont développée cette thèse. Cette thèse du reste était associée à une autre appelée la **russophobie**, terme qui est apparu vers 2012, a commencé à se développer un peu en 2013 puis a pris un essor très important en 2014. Cette utilisation, du reste, est à rapprocher de cette fameuse **islamophobie** qui permet de tout excuser et qui dénie le droit à la laïcité, à celui intangible de ne pas aimer une religion, quelle qu'elle soit.

Une, plusieurs, ou toutes. Par un renversement inouï des valeurs et de la logique, ce n'était plus parce que la Russie avait annexé la Crimée après avoir envahi la Moldavie, puis la Géorgie en 2008, soutenu les séparatistes du Donbass qu'elle se trouvait subir des sanctions mais bien uniquement par russophobie. Cet angle d'attaque a pénétré de façon profonde dans les esprits. Le fait générateur des sanctions a totalement disparu. La sanction a pris une toute autre nature. C'est comme si une personne était condamnée pour meurtre qu'elle finirait par être défendue par certains qui déclareraient que sa condamnation n'est que contre sa personne pour ce qu'il est, et non pour son meurtre. C'est exactement ce genre de raisonnement qui voit des soutiens apportés à des terroristes, inversant les faits et les responsabilités. Cette notion de russophobie est un acte majeur de la propagande russe qui a mis tous ses moyens médiatiques et ses relais en branle avec une grande efficacité. Et cette idée a trouvé des relais parmi les politiques comme Zemmour, Mélenchon, Mariani, Villiers, ou des acteurs comme Depardieu. Ce qu'il y a eu de plus efficace ce sont les cautions morales de cette idée absurde apportées par des personnalités présentée comme moralement au-dessus de tout soupçon, comme des sortes de vigies de la vérité. Parmi ces hautes personnalités, il y en a une qui a fait un mal considérable. Il s'agit d'Hélène Carrère d'Encausse, membre de l'Académie Française, secrétaire perpétuelle. Elle a mis sa grande notoriété, l'image qu'elle avait au service de cette propagande, son origine russe et sa compétence d'historienne. Son discours a été valorisé par le fait qu'elle avait prédit l'effondrement du bloc soviétique, sauf que sa prévision était assez médiocre car elle prévoyait cet effondrement par l'est. Cette prévision que tout le monde pouvait faire, était donc en partie erronée, mais lui a conféré une autorité absolue sur ce qu'est la Russie. Quand je dis que n'importe qui pouvait faire cette prédiction, c'est que l'URSS n'était qu'un regroupement contraint de peuples qui aspiraient à la liberté et qu'il était impossible qu'il restât en l'état dans le temps, à la différence de la Chine. Du reste j'avais lu, il y a très longtemps, un petit texte antérieur aux prophéties d'Hélène Carrère d'Encausse, qui émettait l'hypothèse que le démembrement de l'URSS viendrait de la réunification des deux Allemagne et c'est ce qu'il s'est passé. En somme un illustre inconnu, avant elle, avait, lui fait la bonne hypothèse. Ceci pour dire que le monde ébahi l'a drapée d'une compétence usurpée concernant la Russie à partir d'une prévision facile et en plus à moitié fausse. Cette supposée pertinence absolue sur la Russie lui a donné une autorité qui, elle, donnait du poids à ses déclarations. Donc, quand cette mauvaise Pythie a lancé l'idée de l'humiliation de la Russie ce grand pays frère, cette idée a pris un poids infini. Elle a fait un mal considérable à la vérité et est donc, à son échelle, responsable de cette guerre en Ukraine.

Comme pour tout le reste de ce que nous avons vu, l'image, l'intuition, l'idée que l'on se fait l'emporte sur les faits. La Russie a été et est humiliée par l'Occident. Humiliée elle réagit. Peu importe si sa réaction (cependant non fondée) en elle-même ne pouvait en aucun cas autoriser à envahir un autre pays, à massacrer un peuple, certains accréditent finalement l'idée que cette cause justifie les actes, ou pour le moins lui fonde une raison compréhensible. C'est exactement comme le voyou qui va massacrer un passant parce que celui-ci l'aurait regardé de travers (ce qui serait en plus faux). Sa réaction n'a en droit, en moral, en humanité, aucune justification. Mais ceux qui ont aidé à proférer ce mensonge de l'humiliation ont permis à une absurde et immorale justification de couvrir l'invasion de l'Ukraine.

En mathématiques on utilise parfois le raisonnement par l'absurde. On peut aussi penser à un raisonnement par l'opposé, ou comme en photographie argentique par le négatif. Vous avez remarqué l'indignation de Poutine contre les sanctions des artistes, parlant de *Cancel Culture*, tout comme (ce fut le cas d'un éditorial *du Monde*) certains se sont opposés aux sanctions concernant les artistes, les sportifs etc. Si effacer d'un répertoire les œuvres de Tchaikovsky est stupide et méprisable, vous pourrez y voir ce raisonnement par l'absurde. Comment l'Occident pouvait-il mépriser la Russie si ses artistes, avant d'être sous le coup des sanctions, étaient honorés à tel point que des chefs d'orchestre étaient considérés comme les plus grands au monde, dirigeaient les orchestres occidentaux les plus prestigieux ? Comment la Russie pouvait-elle être méprisée quand ses auteurs (Pouchkine, Tolstoï, Tchekov etc.), sont adulés, que leur œuvres sont lues, leur pièces jouées, que les peintres ont droit à des places de choix dans les musées ? Comment alors que, par exemple, l'école russe d'échecs est considérée comme une des meilleures au monde ? Comment alors que la Russie a été associée à l'ISS ? Comment quand le Bolchoï ou les chœurs de l'armée rouge sont d'immenses vedettes en Occident ? Comment quand même en 2022 le réalisateur russe Kirill Serebrennikov participera aux festivals de Cannes et d'Avignon, où il présentera respectivement *La Femme de Tchaïkovski*, en compétition, et *Le Moine noir*, d'après Tchekhov, dans la Cour d'honneur du Palais des papes, **en ouverture** de la 76ème édition ? Ce qu'il y a de totalement différent avec la Cancel Culture c'est que ces sanctions sont temporaires. Ce que n'a pas compris l'éditorialiste *du Monde* en critiquant le boycott des artistes c'est l'enjeu. Certes ces artistes en subissent les conséquences. Ne parlons même pas de ceux qui soutiennent activement l'invasion, et il s'agit là bien d'une juste punition pour eux, mais les autres subissent un préjudice. Oui, et alors ? N'est-ce pas le propre d'une sanction ? Si on nous rétorque et de quoi sont-ils coupables, nous leur répondrons de quoi est coupable un enfant sous une bombe russe ? De quoi est coupable est enfant africain qui va mourir faute de blé quand les bateaux ukrainiens sont bloqués par la marine russe ou les champs de blé ukrainiens brulés par l'armée russe et les matériels agricoles détruits ? En quoi nous-mêmes, qui allons subir le contre-coup des sanctions avec renchérissement de la vie, sommes-nous coupables ? Oui les sanctions ont des répercutions et oui il est nécessaire qu'elles en aient. Je ne vais pas pleurer sur le sort temporaire de quelques vedettes adulées par le monde occidental, quand celui-ci est honni, insulté par la nation de ces artistes. L'enjeu c'est que justement ces sanctions périphériques agissent au final sur le pouvoir afin que la guerre cesse. Alors, si cela fait couiner quelques divas, et quelques éditorialistes qui n'ont rien compris et se prennent pour de grands défenseurs de l'art et de la liberté (et en contre-point aveugles des autres souffrances, y compris en Occident), cela n'a strictement aucune importance.

Comment oser dire que l'Occident a humiliée la Russie quand ce même Occident n'a eu de cesse de l'associer dans les organismes internationaux : Conseil de l'Europe en 1996, l'OTAN même avec un accord formel en 1991, l'intégration au futur G8 en 1997 ? Quand est établi un mécanisme de consultation, de construction du consensus, de coopération,, de décision commune et d'action conjointe entre la Russie et l'OTAN au sein du Conseil OTAN-Russie (COR) du 28 mai 2002 ? Quand ce même Occident l'a associée à l'ISS (la station spatiale internationale), que les USA l'ont aidée dans la crise du rouble en 1998 ou soutenu en 1992 auprès du FMI et de la Banque mondiale afin qu'elle obtienne des dizaines de milliards de dollars de prêts continus, quand cette nation avait le statut aux USA (statut révoqué à cause de l'invasion de l'Ukraine) de nation la plus favorisée, clause qui permettait à la Russie de bénéficier d'avantages commerciaux maximaux aux USA ?

Par cette manie d'inverser les rôles et la chronologie, on va donc faire croire que les sanctions ne sont qu'une suite logique à l'humiliation, conséquence alors d'une cause irréelle. Ce n'est pas l'humiliation qui a engendré les sanctions mais les actions belliqueuses de la Russie qui a entraîné des sanctions avec cette différence qu'il ne faut pas oublier, si en Russie il suffit à un homme de décider (puis de faire valider par un simulacre de démocratie les ordres de Poutine), en Occident il faut des votes. Et à propos de vote, le droit de véto du conseil de sécurité des Nations Unies, permet à un pays agresseur de ne pas être sanctionné car il possède ce droit quand l'assemblée à 141 voix, la première fois et 140 voix la seconde, sur 193 membres ont déclaré que la Russie était l'agresseur et qu'elle devait cesser son agression. Les seuls pays à s'être opposés en assemblée sont, outre la Russie elle-même, de superbes démocraties : le Belarus, l'Érythrée, la Syrie et la Corée-du-Nord. Vous lirez par ci par là, que seuls 40 pays, tous inféodés aux USA sont contre la Russie alors que la réalité est que ce sont 141 pays qui l'ont condamnée et que seuls 4 l'ont soutenue. Les abstentionnistes sont des abstentionnistes qui seront classés comme complices par les uns, soutiens indirects par les autres. L'objectivité est de dire qu'ils sont abstentionnistes. Sur 146 votes exprimés, seuls moins de 3 % soutiennent la Russie.

Juste un petit développement avant de revenir aux sanctions concernant cette mascarade démocratique au Donbass et en Russie. La Chronologie est la suivante : des fausses attaques ukrainiennes soit au Donbass, soit en Russie qui voudraient donner un prétexte, mais les USA avaient déminé auparavant (ne jamais oublier qu'ils avaient été traités d'hystériques tant par la Russie que par des politiques, éditorialistes, commentateurs, spécialistes, journalistes français) suivies d'un déclaration de la Douma demandant une déclaration de reconnaissance des deux régions séparatistes comme états indépendants, écho favorable de Poutine, vote à la Douma de cette reconnaissance, demande d'aide et de coopération par les deux régions séparatistes auprès de la Russie, signature d'un accord d'entraide - il est à noter qu'il y a eu peu de commentaires sur cet accord d'entraide supposé arriver après la demande des séparatistes, or si cet accord était juridiquement prêt c'est qu'il avait été préparé antérieurement à la demande -, invasion à la suite d'une demande de soutien des deux régions. Dans cette chronologie, la déclaration du 18 février 2022 des leaders des régions séparatistes annonçant des attaques des Ukrainiens perpétrées le 17 février avaient été enregistrées le 16 soit la veille de ces pseudo attaques. Le discours de déclaration de mission spéciale (invasion de l'Ukraine) le 24 février a été enregistré le 22 février alors que la veille encore les négociations pour éviter la guerre se poursuivaient. Les ordres de missions pour l'invasion datent de mi/fin janvier. L'ordre d'invasion a été donné avant la diffusion de la déclaration de Poutine de « mission spéciale ».

Beaucoup d'éminents spécialistes nous ont expliqué et continue à expliquer que les sanctions économiques ne servent à rien. Ils prennent pour exemple qu'à la suite de celles de 2015 la Russie a su se réorganiser et de se faire un petit pactole grâce à la vente du gaz, du pétrole et des matières premières. Donc selon ces experts le passé tant général que particulier démontre que cela n'a que peu d'influence. En fait comparer les sanctions d'aujourd'hui avec celles de 2015 c'est comparer vouloir enfoncer un clou de charpentier avec un marteau de maquettiste avec le faire avec une masse de casseur de cailloux. Les sanctions n'ont rien à voir en intensité ni en étendue entre celles de 2015 et celles d'aujourd'hui. Ces bons experts finalement restent à la surface des choses alors qu'ils sont censés, en tant qu'experts, analyser le tout dans son ensemble. Passer à côté que la moitié des 650 milliards de réserve de la Russie sont dans des banques occidentales, c'est soit être ignorants de sa propre spécialité, soit incompétents dans sa capacité d'analyse. D'une part la moitié de ces réserves ont été gelées et d'autre part une bonne portion de la partie non bloquée a servi à soutenir le rouble. Ces deux faits démontrent comment un raisonnement inachevé est trompeur. Donc, la Russie n'a pas à sa disposition 650 milliards de dollars de cash. De plus la Russie a des dettes à l'étranger et doit payer les intérêts de ses emprunts. Ce capital restant dû vient évidemment en diminution des moins de 300 milliards de dollars restants. Ensuite le blocage des banques et l'impossibilité de payer en dollar la dette de la Russie va l'entraîner vers un défaut de paiement arrivé en juin. La Russie voit donc son trésor de guerre diminuer, dans l'incapacité d'emprunter en Occident. Il y a une autre répercussion pour sauver le rouble : les taux d'intérêt qui sont montés à 20 %. Ces taux élevés entraînent de facto un ralentissement important de l'économie intérieure russe. L'inflation serait grimpée à 17 %, et pour contrer cette inflation Poutine a déclaré mi-avril qu'il fallait augmenter les salaires : spirale infernale. On a parlé d'un excédent commercial en mars entre 20 et 25 milliards de dollars. Il est important de souligner qu'un excédent commercial indique qu'il a fallu sortir une somme globale pour acheter les marchandises et services et en recevoir une supérieure pour les ventes. C'est avoir un raisonnement à très courte vue que de considérer que ce sont 20 à 25 milliards de cash. En effet les ventes ont un coût de production. Que ce soit le gaz, le pétrole, les matières premières, les produits manufacturés, tous ont un coût d'exploitation ou de fabrication et parfois de transport. Quand on importe 100 cela coûte 100 quand on exporte 120 cela n'est pas 120 nets, mais 120 moins les coûts et dans ces coûts s'il y a une partie qui vient des importations, une partie vient du pays lui-même. Ceci implique que 20 milliards d'excédent commercial ne peuvent en aucun cas en totalité payer la fabrication d'armes et financer la guerre. Une partie sert à financer le produits exportés. Dire que le Gaz finance à dollar équivalent la guerre est faux. Seule la partie des bénéfices qui n'est pas utilisée à d'autres fins le peut. Mais cela va plus loin. De nombreux produits essentiels ne sont plus exportés vers la Russie comme des éléments électroniques, des pièces d'entretien des avions par exemple. On a vu que la production automobile en mars avait baissé de 65 %. On dit que 25 % des entreprises ont du se séparer d'une partie de leur personnel. Tous ces bloquages ont des très importantes répercussions : chômages, entreprises qui s'arrêtent par effet domino, paupérisation en augmentation et peu à peu financement de la guerre qui s'assèche car il faudra bien compenser, du moins en partie, par les soutiens sociaux, donc par une partie du trésor de guerre, l'effondrement de l'économie. Le maire de Moscou a déclaré en avril que le retrait des entreprises étrangères ont entraîné 220.000 pertes d'emplois. Qui peut dire que c'est insignifiant ? La machine de guerre va s'enrayer par un financement diminué (comment payer les soldats, la fabrication des munitions, les indemnisations des familles des soldats tués, les soins des blessés) et la fabrication des armes les plus sophistiquées seront bloqués par le manque de composants. Il va y avoir une dégradation importante de la capacité guerrière de la Russie du fait des sanctions, reste à en connaître la vitesse et s'il ya une possibilité de crash complet. Il faut savoir que ce n'est pas 100 % de destruction, ou de matériel rendu non fonctionnel, qu'il est nécessaire d'atteindre pour qu une armée devienne inefficiente. Parfois il suffit de 25 %. Au 12 avril plus de 20 entreprises à vocation militaire ont été forcées de suspendre leur production à cause d'un manque de composants et du renchérissement des prix. Parmi elle une société de fabrication de missiles pour l'aviation (Vimpel) et la seule société de fabrication de chars (Uralvagonzavod) - à rapprocher qu'à fin la mai les destructions de chars russes par les Ukrainiens représentent 2 ans de fabrication. Il y a bien sûr l'aide potentielle de la Chine, qui doit bien se poser des questions quand elle voit que son allié est incapable de battre une nation qui a un budget militaire 10 fois moindre. De plus à la suite de l'épidémie, l'Occident a réorienté nombres de ses fabrications pour ne plus dépendre de ce pays, si en plus un soutien actif à la Russie entrait en action les sanctions risqueraient de la toucher plus durement encore. Même si la Chine est en train de conquérir l'Afrique, ses principaux clients sont quand même en Occident. De plus, on dit que la Chine travaille à très long terme, alors elle sait que les études démographiques projettent une diminution drastique de sa population, et le poids quelle représente aujourd'hui dans le monde grâce à la masse de sa population, dans 50 ans aura un poids proportionnel très inférieur. Ce n'est pas tout. La structure démographique de la Chine a de quoi les inquiéter : vieillissement très important de la population, taux de fécondité en baisse. Tout ceci entraîne un basculement vers une population âgée avec un poids économique à supporter en forte croissance. Enfin certains nous disent que si nous coupons nos approvisionnement de gaz alors la Russie se tournera vers la Chine. Or il y a deux obstacles : dans le court terme ce sont le manque d'infrastructures pour acheminer ce gaz et le second est que la Chine ne peut pas consommer ce qu'elle ne consomme pas. Il n'y a pas de transfert automatique des consommations. Si aujourd'hui la Chine a assez par ses divers approvisionnements de gaz, de pétrole et de charbon elle ne pourra jamais absorber le surplus que l'Occident ne consommera plus. Si nous regardons le pourcentage du PIB mondial, la Chine plus l'Inde plus la Russie représentent au plus 21 %, les USA, plus le Canada, le Japon, l'Europe, la Corée-du-Sud, l'Australie plus de 50 %. On peut donc y ajouter tous les pays d'Afrique et d'Amérique du Sud qui appliquent les sanctions et on se rend compte que la Chine réfléchira à deux fois entre les moins de 2 % que représente la Russie et les largement plus de 50 % représentés par les pays qui s'opposent fermement à elle. Alors les théories que la Chine va faire renaître la Russie, paraissent peu crédibles sauf à ce que la Russie devienne sa vassale.

Nombre de commentateurs et de politiques déclarent, un peu imprudemment, que l'Occident continue d'enrichir la Russie avec l'achat de gaz et d'hydrocarbures et financent la guerre. J'espère qu'ils ne sont pas chefs d'entreprise car s'ils géraient une entreprise à l'aune de leur interprétation des chiffres, ils couleraient leur boîte en quelques mois. En 2021 GAZPROM a fait un CA de 84,66 milliards de dollars pour un bénéfice de près de 29 milliards de dollars. De janvier à avril 2022 le CA serait de 35 milliards de dollars soit environ 10 milliards de bénéfices. C'est ce dernier chiffre qui compte et non le chiffre d'affaires. Ceci implique que le financement de la guerre ne peut en aucun cas d'être ces 10 milliards car il existe d'autres besoins essentiels. Ce chiffre est à comparer au plus de 40 milliards de dollars d'armements fournis par l'Occident à l'Ukraine. De plus nous avançons dans les saisons, et de ce fait la consommation de gaz va fortement diminuer. Elle a déjà baissé de 35 % en Allemagne. Les Européens sont en train de procéder à de très fortes baisses d'utilisation du gaz russe. Il y aura donc moins de 10 milliards de financement possible venant du gaz pour la guerre en Russie pour l'ensemble des 6 prochains mois bien que la Russie ait annoncé fin mais que son CA serait augmenté de 13 milliards de dollars en 2022 par rapport à 2021, ce qui a bénéficie équivalent nous donnerait pour toute l'année un bénéfice d'environ 40 milliards (sauf que ces chiffres optimistes avec la réduction des commandes est plus de la propagande que de la réalité, d'autant que les ventes de gaz ers l'Occident ont terriblement baissé à partir de fin juin). Le financement ukrainien de son armement lui sera donc supérieur. A ce financement il faut ajouter, ce qu'a déclaré un général français, les armements saisis aux russes, et cette saisie est très importante notamment des tanks et des véhicules blindés, des radars etc. On parle au global en centaines si ce n'est en milliers de matériel militaire. Le site oryxenskop cite à fin juin, de façon non exhaustive (chaque matériel est comptabilisé après vérification et documentation par photo donc non contestable, la réalité est donc supérieure) 1.371 matériels militaires capturés par l'Ukraine (à l'inverse c'est un peu plus de 500).

En France nous avons eu - et c'est un très triste constat - nombre d'experts, de politiques tels Villiers (lui qui a proposé ses services pour créer un Puy du fou mode poutinique en Crimée), Le Pen, Mariani, Zemmour, Mélenchon, des personnalités de poids comme Hélène Carrère d'Encausse, des journalistes qui ont d'une part valorisé le psychopathe sanguinaire qu'est Poutine et d'autre part accusé l'Occident de tous les maux. Ils ont aveugle par leurs discours les Français et ont fait le lit à cette invasion. Certains ce sont compromis financièrement en travaillant pour les entreprises russes. Citons en Europe : Nicolas Sarkozy, François Fillon, son ministre de la ville Maurice Leroy et Dominique Strauss-Kahn, les anciens chefs de gouvernement Matteo Renzi (Italie), Esko Aho et Paavo Lipponen (Finlande), Gerhard Schröder (Allemagne), Christian Kern et Wolfgang Schüssel (Autriche), les Britanniques Gregory Barker (ancien ministre de l'énergie) et George Osborne (ex-chancelier de l'Echiquier), ou enfin Karin Kneissl, nommée par l'extrême droite à la tête de la diplomatie autrichienne en 2017.

Pour terminer il faut parler du terme de génocide. Biden en a parlé. Le génocide a une définition précise qui dit qu'en gros c'est avoir une volonté de destruction complète ou partielle d'une ethnie, d'une communauté religieuse d'une nation. C'est et ce sera un débat juridique. Mais c'est aussi un débat moral. Et entre dans cette définition la négation de l'existence d'un peuple. Depuis de nombreuses années Poutine nie l'existence de l'Ukraine en tant que telle. Elle ne serait qu'une création soviétique. La réalité est évidemment autre. l'Ukraine une histoire de plus de 1.200 ans et a plus à voir avec la Suède que la Russie. Et si Kyiv est réellement le berceau de la Russie alors c'est à l'Ukraine d'absorber la Russie et non l'inverse.

Pour parler de ce génocide il faut parler des mots et des discours. Poutine est une sorte de capo de la maffia russe. Une analyse de son langage a été faite par Yves Hamant, professeur émérite de civilisation russe et soviétique dans un article *du Monde* :
Quelques mois avant d'accéder à la présidence de la Russie [en 1999], Vladimir Poutine, alors premier ministre, a stupéfié le monde en déclarant que son pays irait « buter les terroristes [tchétchènes] jusque dans les chiottes ». Il est familier de telles sorties, où l'on peut déceler une forme de populisme. On recueille même les « poutinades » un peu comme chez nous naguère les « raffarinades ».
Elles mériteraient cependant plus d'attention politique. Ainsi, on n'a pas suffisamment remarqué celle prononcée devant le président Emmanuel Macron lors de leur conférence de presse du 7 février 2022. Evoquant les accords de Minsk, il a affirmé qu'il faudrait bien que l'Ukraine les applique en l'assortissant de cette maxime [à l'intention du président ukrainien] : « Que cela te plaise ou non, à toi de l'supporter ma belle. » Le lendemain, le président Volodymyr Zelensky a

répliqué, à l'occasion de sa conférence de presse avec M. Macron, que le président de la Russie avait bien raison : que l'Ukraine était belle en effet, mais que c'était de trop de dire « ma » belle.

On ignore que la maxime en question est tirée d'une tchastouchka (couplet satirique) scabreuse sur la princesse au bois dormant : « Dans la tombe, elle dort ma belle/Je m'incline et je te b.../Que oui ou non cela te plaise/A toi de l'supporter ma belle. »

« Le caïd l'a dit »

Mais il y a une autre boutade, due cette fois au ministre des affaires étrangères Sergueï Lavrov, le 18 février, et passée totalement inaperçue à l'étranger parce que rebelle à la traduction. Soulignant combien il était important pour la Russie de signer un traité avec les Etats-Unis, le ministre a lancé : « Le caïd l'a dit, le caïd l'a fait. Nous obtiendrons que tout se passe honnêtement. Il faut néanmoins que les poniatiya (traduisons par « règles ») soient également respectées au niveau international. »

De quoi s'agit-il ? De quelles « règles » parlait-il ? Les poniatiya ne sont pas des règles comme les autres, ce sont celles observées par les caïds, les malfrats du monde carcéral, de la pègre, ceux que l'on appelle aussi en russe les Vory v zakone, littéralement les « voleurs dans la loi ». Par conséquent, dans ce contexte, le « honnêtement » veut dire « dans le respect des règles mafieuses ». Une véritable énormité : le ministre Lavrov, un homme apparemment éduqué, appelle à régler les relations internationales à la manière des malfrats ! On ne s'étonnera plus après cela qu'il affirme avec aplomb que les Ukrainiens se bombardent eux-mêmes ! On ne s'étonnera pas non plus que la Fédération de Russie viole allègrement tous les principes du droit international.

Cette violence du langage fait ressortir les traits fondamentaux de Poutine dont le principal est la brutalité d'où il ressort que la loi du plus fort est toujours la meilleure. Il faut tout écraser par la force après avoir tout écrasé par les mots.

Par exemple ce discours, qui fait froid dans le dos, rendu public sur le site du Kremlin le 16 mars 2022 nous rapproche de pourquoi ce livre parle de ***Copycat*** d'Hitler. Ce discours et le texte qui va suivre. Et donc nous amène à considérer le terme de génocide. Dans le génocide il y a deux aspects : la théorie et son application. La négation d'un peuple est la théorie. Savoir comment éliminer ce peuple et sa théorie. Est-ce que les massacres de Marioupol, des environs de Kyiv sont la concrétisation de ces paroles ? C'est à vous de voir. Revenons en au discours de Poutine du 16 mars qui parle de la *nécessaire* ***purification*** *du peuple russe* :
« *Bien sûr, ils [les Occidentaux] essaieront de miser sur la fameuse cinquième colonne, sur les traîtres - sur ceux qui gagnent leur argent ici, mais qui vivent ailleurs. Qui vivent non pas au sens géographique, mais dans leur tête, avec leurs idées serviles. [...] Tout peuple, et en particulier le peuple russe, est capable de distinguer les vrais patriotes de la racaille et des traîtres, et de recracher ces derniers comme un moucheron qui aurait accidentellement atterri dans leur bouche. [...] Je suis convaincu que cette purification naturelle et nécessaire de la société ne fera que renforcer notre pays, notre solidarité, notre cohésion et notre capacité à relever n'importe quel défi.* »

Vous noterez le langage dans la forme vulgaire et aussi violent que dans le fond. On y trouve ce terme de purification qui ne peut que nous ramener à l'idéologie nazie. Et donc au génocide. De longue date le pouvoir russe cultive la haine de l'Occident et une peur utile pour propager au travers elle une autre idéologie, celle que l'Occident veut la destruction de la Russie en tant que tel, sa civilisation qui est bien évidemment supérieure à la société décadente occidentale. Ce discours rejoint les mêmes haines développées par l'URSS et l'Allemagne nazie. Cette haine enseignée dès le plus jeune âge, combinée avec un patriotisme exacerbé et valorisé, est sans doute un des moteurs de la sauvagerie de l'armée russe avec les conséquences tragiques que l'on connaît. Que dire aussi de ce que Poutine a décerné lundi 18 avril un titre honorifique au titre de « *l'héroïsme* » à la 64ème brigade de fusiliers motorisés, qui est accusée d'avoir commis les massacres de Boutcha ? qu'il a signé un décret accordant le « *titre honorifique de 'Garde'* » à cette brigade du fait de l'« *héroïsme et de la ténacité, la détermination et le courage de ses hommes. Les actions habiles et décisives de tout le personnel (de la brigade) lors de l'opération militaire spéciale en Ukraine sont un modèle d'exécution du devoir militaire, de courage, de détermination et de grand professionnalisme* » ? Poutine sait ce qu'ont fait les hommes de cette brigade et il les félicite en précisant que c'est un modèle d'exécution. Si les mots ont un sens alors cette reconnaissance, plus cette valorisation des actions de barbares, entre dans un plan de génocide. On ne peut, non plus, ignorer que la russification à outrance et à grande vitesse des zones de l'Ukraine contrôlée par la Russie depuis le 24 février et avant depuis 2015, en Crimée, et dans le Donbass est un élément à charge pour déterminer s'il y a génocide, et ce par l'annihilation de l'ukrainien, de la culture ukrainienne. Le plus grand éditeur russe de livre scolaire a été obligé de supprimer des textes des livres scolaires toute référence à l'Ukraine. En mai on apprend que les écoles de Marioupol seront ouverte cet été afin de mettre à niveau en apprentissage du russe, en histoire et littérature russes. Des passeports russes sont distribués (plusieurs centaines de milliers), le rouble remplace la monnaie Ukraine et les noms ukrainiens des villes sont remplacés par leur homologue russes. Un referendum bidon est envisagé dans la région de Kherson pour demander à ce que l'oblast soit intégré à la Russie, région depuis dirigée par un ancien du KGB.

Posons-nous aussi la question de savoir si la destruction systématique de toutes les infrastructures (routes, autoroutes, ponts, gares, voies ferrées), des alimentations (eau, électricité, gaz), des lieux d'éducation (école, collège, lycée, université), de santé (hôpitaux, centres de soins, maternités etc.), de culture (musée, théâtres etc.), des habitations, des lieux de production, des centres commerciaux, des récoltes avec incendie des champs et destruction du matériel agricole, le tout en quantité effrayante, sans oublier les crimes de guerre et la mort de civils visés délibérément, n'est pas une volonté génocidaire.

Tout ceci est sous-tendu par un discours structuré dont vous aurez le texte en entier en fin de livre afin que vous fassiez par vous-même une idée. Ce texte est au moins un élément de réflexion quant à la définition de génocide qui pourrait être appliquée aux exactions russes en Ukraine. Il s'agit d'un article publié le 3 avril 2022 par l'agence de presse officielle russe RIA Novosti, et sans aucun doute avec l'aval de Poutine. Un des grand thèmes est la dénazification de l'Ukraine. Les théoriciens du Kremlin se servent du fond idéologique comme quoi l'URSS fut la grande nation anti-nazie qui vaincu à elle toute seule Hitler. Ce fond légitime toute action, aussi brutale fut-elle, pour dénazifier l'Ukraine et cela peut aller jusqu'à désukrainiser l'Ukraine. Et cette « opération spéciale » est d'une nécessité absolue dans ce processus qui va encore plus loin que ça puisqu'il s'agit d'une guerre de civilisation afin d'empêcher l'occident de détruire l'âme slave en quelque sorte, âme bien supérieure, elle qui a fait les beaux jours des romantiques et a facilité cette idée que la Russie ne peut être mauvaise quand on a des héroïnes comme Anna Karénine.

Le texte est tout simplement effrayant. Il est quasi impossible de le résumer, possible juste de prendre des phrases choc. Il vous faudra le lire, et le relire. Voici des informations factuelles sur l'auteur de celui-ci et son organe de diffusion :

Timofeï Sergueïtsev
Philosophe, méthodologue, cofondateur de la fondation Archives du Cercle méthodologique de Moscou, consultant scientifique du Centre d'éducation et de science international

Zinoviev à l'Université d'État Lomonossov de Moscou (MGU), auprès de la « faculté des processus globaux ».

RIA Novosti est l'une des plus importantes agences de presse de Russie avec *TASS* et *Interfax*. Officiellement sous la tutelle du ministère de la presse et de l'information de Russie depuis le 22 août 1991, son administration centrale est basée à Moscou

Ce texte peut être considéré comme un manifeste à mettre en œuvre et peut se rapprocher de ce que signifie le terme de **solution finale**. Il est absolument effrayant. Il comporte un nombre hallucinant de fois du terme ***dénazification***, terme qui est le point d'ancrage du prétexte de « l'action militaire spéciale » et qui donne toutes les autorisations à toutes les atrocités possibles. La Russie a tous les droits d'agir, par tous les moyens, elle, symbole de la lutte contre le nazisme, afin de l'éradiquer. Ce discours va très loin dans les accusations des responsabilités occidentales de la nazification de l'Ukraine. Nous, Occidentaux, sommes à la racine du mal. Nous voyons là bien une guerre de civilisation entre la civilisation slave, russe et l'occidentale. Les Russes ont le devoir suprême d'éliminer le nazisme, quels que soient les moyens. Il ne peut donc y avoir de crimes de guerre puisque cette mission est une mission noble (dirait Poutine) imposée par la morale et le droit, le juste : « *La dénazification est un ensemble de mesures à l'égard de la masse nazie de la population, qui ne peut techniquement pas être directement poursuivie au nom des crimes de guerre* ».

Comme d'habitude il y a une inversion des faits : l'Occident veut détruire la Russie. Ce concept inversé est un des piliers de la propagande. Depuis Trotsky, nous savons que rien ne soude plus le peuple qu'un ennemi commun. Il faut donc désigner un ennemi, lui attribuer tous les maux, les plus horribles si possible, et lui opposer la juste répression. Et l'Ukraine serait en quelque sorte l'achèvement de la déréliction de cette société, Ukraine dévoyée par notre civilisation, notre monde libéral et démocratique. Ce texte appuie la propagande comme quoi l'Ukraine aurait utilisé la « terreur totale » en Crimée et dans le Donbas. On ne se demande plus comment de telles contre-vérités peuvent porter. L'interrogation est inutile, nous ne pouvons que le constater. Vous pourriez dire qu'avant 2014 personne ni dans le Donbass ni en Crimée n'avait vu de terreur et que depuis ceux qui dirigent ces trois régions sont soit les Russes soit les séparatistes et donc que s'il y règne la terreur c'est de leur responsabilité à eux. Il faut donc enfoncer le clou : « *Les nazis qui ont pris les armes doivent être détruits autant que possible sur le champ de bataille. Il ne faut pas faire de distinction significative entre les forces armées ukrainiennes et les forces dites de sécurité nationale, ainsi que les milices de défense territoriale qui ont rejoint ces deux types de formations militaires. Tous sont également engagés dans une cruauté scandaleuse contre les civils, également responsables du génocide du peuple russe, et ils ne respectent pas les lois et coutumes de la guerre. Les criminels de guerre et les nazis actifs doivent être punis de manière exemplaire. Il faut procéder à un nettoyage total. Toutes les organisations qui se sont liées à la pratique du nazisme doivent être éliminées et interdites. Cependant, en plus des hauts gradés, une partie importante des masses populaires qui sont des nazis passifs, des collaborateurs du nazisme, sont également coupables. Ils ont soutenu le gouvernement nazi et se sont montrés indulgents à son égard. Une punition juste pour cette partie de la population n'est possible qu'en supportant les charges inévitables d'une guerre juste contre le système nazi, menée aussi discrètement que possible contre des civils. La dénazification ultérieure de cette masse de la population consiste en une rééducation, qui est réalisée par une répression idéologique (suppression) des attitudes nazies et une censure sévère : non seulement dans la sphère politique, mais nécessairement aussi dans la sphère de la culture et de l'éducation. C'est par la culture et l'éducation qu'a été préparée et mise en œuvre la profonde nazification de masse de la population, consolidée par la promesse des dividendes de la victoire du régime nazi sur la Russie, la propagande nazie, la violence et la terreur internes, et la guerre de huit ans avec le peuple nazi ukrainien rebelle du Donbass.* » L'auteur du texte ne se gêne pas d'employer le terme de génocide, génocide qui n'existe pas. Il accuse les Ukrainiens de ce que fait en réalité l'armée russe, les séparatistes et les mercenaires genre Wagner associés au Tchétchènes de Kadyrov. Non seulement les militaires, mais aussi les soutiens actifs doivent être anéantis. Et même plus, le peuple passif doit être puni et le reste rééduqué. Ceci n'est que la continuation des théories communistes de l'URSS appliquées au Nord-Vietnam en URSS, en Corée, à Cuba et en Chine. Cette dénazification ne peut qu'être le fait du vainqueur. L'auteur de ce texte pose donc comme élément de base le contrôle absolu de l'Ukraine par la Russie pour une durée d'au moins 25 ans. Il faut dénazifier les esprits et les remettre dans le droit chemin. Et en plus ceux qui subiraient cette dénazification ne pourraient jamais contester cette idéologie qui est dans l'absolu le droit et le juste. Selon l'auteur, cette nazification daterait de fait depuis 1989, chute de l'URSS. Alors que l'Histoire nous apprend que cette chute est une grande libération des populations asservies, dominées par une idéologie mortifère et par le grand frère russe, est ici inversée comme étant le départ du développement, dans ces pays libérés, de l'idéologie nazie. On sait que Poutine a lui-même considéré que cette chute de l'URSS fut la plus grande catastrophe du siècle dernier.

Ce texte absolument hallucinant va très loin : « *L'Occident collectif est lui-même le concepteur, la source et le sponsor du nazisme ukrainien, tandis que les cadres occidentaux de Bandera et leur "mémoire historique" ne sont qu'un des outils de la nazification de l'Ukraine. L'ukronazisme n'est pas moins une menace pour la paix et la Russie que le nazisme allemand ne l'était avec Hitler.* » Vous imaginez une seconde que cet auteur ose affirmer que la menace ukrainienne est la même que celle d'Hitler. Et vous imaginez aussi que nous, Occidentaux, serions les concepteurs, la source de ce nazisme. Et si l'URSS, compromise jusqu'en 1941 à un niveau maximal avec Hitler, a pris une part dans la guerre au nazisme, l'Occident et donc les USA aussi ont lutté, morts à l'appui, de toutes leurs forces contre le nazisme. Il faudrait citer tout le texte aussi juste quelques phrases encore tirées de celui-ci :

« *Leurs aspirations politiques ne peuvent en effet pas être neutres - la rédemption de la culpabilité envers la Russie pour l'avoir traitée comme un ennemi ne peut se réaliser que dans la dépendance de la Russie dans les processus de reconstruction, de régénération et de développement. Aucun "plan Marshall" pour ces territoires ne devrait être autorisé. Il ne peut y avoir de "neutralité" au sens idéologique et pratique compatible avec la dénazification. Les cadres et les organisations qui sont les instruments de la dénazification dans les nouvelles républiques dénazifiées ne peuvent que compter sur le pouvoir direct et le soutien organisationnel de la Russie.* »

« *La dénazification sera inévitablement une* **désukrainisation** »

« *Contrairement, par exemple, à la Géorgie et aux pays baltes, l'Ukraine, comme l'histoire l'a montré, ne peut pas exister en tant qu'État-nation, et les tentatives de "construction" d'un tel État mènent inévitablement au nazisme. L'ukrainisme est une construction artificielle anti-russe sans contenu civilisationnel propre, un élément subordonné à une civilisation étrangère.* »

« *L'élite bandériste doit être éliminé, il est impossible de la rééduquer. Le "marigot" social qui l'a soutenue activement et passivement par son action et son inaction doit assimiler l'expérience de la guerre comme une leçon historique et une expiation de sa culpabilité.* »

Enfin le plan après la guerre qui fait froid dans le dos :

Liquidation des formations armées nazies (nous entendons par là toutes les formations armées d'Ukraine), ainsi que de l'infrastructure militaire, informationnelle et éducative qui assure leur activité ;

La formation d'un gouvernement populaire autonome et d'une police (défense et ordre public) dans les territoires libérés afin de protéger la population de la terreur des groupes nazis clandestins ;

L'installation d'un espace d'information russe ;

Retrait du matériel pédagogique et interdiction des programmes éducatifs à tous les niveaux qui contiennent des attitudes idéologiques nazies ;

Des enquêtes de masse visant à établir la responsabilité personnelle pour les crimes de guerre, les crimes contre l'humanité, la diffusion de l'idéologie nazie et le soutien au régime nazi ;

Épuration, divulgation des noms des collaborateurs du régime nazi et de leur travail forcé pour reconstruire les infrastructures détruites en punition de leurs activités nazies (parmi ceux qui ne seront pas soumis à la peine de mort ou à l'emprisonnement) ;

Adoption au niveau local, sous l'autorité de la Russie, des principaux actes réglementaires de dénazification "par le bas", interdisant toute sorte et forme de renaissance de l'idéologie nazie ;

La création de mémoriaux, de monuments commémoratifs et de monuments aux victimes du nazisme ukrainien et la perpétuation du souvenir des héros qui l'ont combattu ;

L'inclusion d'un ensemble de normes anti-fascistes et de dénazification dans les constitutions des nouvelles républiques populaires ;

Création d'organismes permanents de dénazification pour une période de 25 ans.

Tout ce texte est un délire, une réécriture de l'histoire, une inversion des faits et responsabilités.

On s'est demandé si le terme de génocide était adapté aux crimes commis en Ukraine. Il y a les faits mais il y a aussi les intentions. Or Poutine l'a dit : l'Ukraine n'existe pas en tant que nation. Depuis avril 2021 cette invasion était voulue et préparée. Les termes de désukrainisation ne laisse aucun doute. Ce texte dans son ensemble ne laisse aucun doute. Il s'agit bien d'un manifeste de mise en œuvre d'un génocide. Le 13 avril 2022, Macron a dit qu'il fallait être prudent avec le terme génocide et parlé de peuples frères. Zelensky a déclaré que, si ces paroles étaient vraies, alors les Ukrainiens seraient blessés. Ils seraient blessés que Macron refuse d'employer le terme de génocide. Du reste un verbe a été inventé en Ukraine : *macroner* qui veut dire s'indigner sans agir.

Peut-être que juridiquement le terme de génocide n'est-il pas à employer du moins à employer tant qu'un ensemble de preuves ne soient réunies pour l'affirmer. Peut-être faut-il en regard de l'avenir, pour le protéger être prudent avec les mots, mais peut-être faut-il aussi regarder la dimension morale, les intentions de Poutine, et dans ce cas le mot se justifie. Il y a un point qu'oublie un peu vite les contempteurs qui attaquent Macron, car effectivement les mots ont un sens, et si moralement le génocide peut être employé, juridiquement s'il est employé il implique de facto selon les accords internationaux une intervention militaire pour le stopper. Alors parler à tort et à travers de génocide en tant que chef d'état si rien derrière ne vient, si aucune action militaire ne suit, s'est se payer de mots, faire plaisir à l'Ukraine qui souffre et qui le subit mais c'est être inconscient et irresponsable. Si Biden le prononce, si Trudeau le prononce alors les USA et le Canada doivent envoyer leur armée pour le stopper.

Pour donner un éclairage à cette discussion, il est intéressant de regarder de près le premier rapport indépendant d'une étude menée conjointement par l'*Institut New Lines* et le *Centre Pour les droits humains Raoul Wallenberg,* dont la chaîne CNN a eu une copie avant publication. Ce rapport est signé par plus de trente experts et universitaires de premier plan. En faisant un parallèle avec le massacre de Srebrenica, ce rapport alerte on écrivant ceci : « *Les détails du massacre de plus de 7 000 Bosniaques à Srebrenica sont apparus aux yeux de la communauté internationale quand il était trop tard pour empêcher un génocide. En 2022, nous avons les capacités de pister des atrocités similaires et d'y répondre en conséquence.* » Pour ces experts, le risque génocidaire ne fait aucune doute : « *[Les experts ont mené] un examen très minutieux et détaillé de très nombreuses preuves. Ce que nous voyons jusqu'ici, c'est que cette guerre est génocidaire par nature, notamment par les mots employés et la manière dont ils sont utilisés. C'est très, très clair.* » […] « *Les massacres documentés et les exécutions de civils à Boutcha, ainsi que dans les régions de Soumy et de Tchernihiv, les attaques délibérées de la Russie sur des abris, des routes d'évacuation et des établissements de soins, aussi bien que les frappes et bombardements de zones résidentielles, les viols, sièges, vols de céréales et déportations forcées vers la Russie participent d'un "schéma de destruction génocidaire".* »

Par ailleurs, il faudra aussi se souvenir que Marine Le Pen, qui reconnaît la Crimée - autant dire que notre politique étrangère avec elle à la tête de la France serait une négation de la philosophie démocratique de nos pays - réclame à grands cris qu'après la guerre il faudra un partenariat avec la Russie. C'est aller bien vite en besogne. Comme nous l'avons lu dans le texte de Timofeï Sergueïtsev, l'auteur ne s'embarrasse d'aucune pudeur de gazelle : il parle de génocide et de peuple complice. En quoi serions-nous obligés, nous Occidentaux, à ne pas considérer d'un œil critique le peuple russe ? Et si la paix demande que les Etats aient des rapports diplomatiques, il est évident que nous ne pourrions avoir des rapports avec la Russie que sous trois conditions : élimination politique de Poutine et de tous ses soutiens, reconnaissance par la Russie de son agression avec condamnation des coupables et réparation par la Russie des dégâts considérables infligés à l'Ukraine. Alors après, oui après, on verra.

On voit revenir le thème de l'humiliation dans les paroles conjointes de Macron et du chancelier allemand Olaf Scholz. Ils ont la louable pensée de dire qu'après la guerre il faudra bien faire avec la Russie et que donc il faut éviter de l'humilier. C'est complètement à côté de la plaque. On n'en est pas ni maintenant ni après la guerre à considérer l'humiliation. Il y a, qu'en priorité, la justice aura à passer et que si la justice passe il faudra que la Russie soit condamnée, qu'elle reconnaisse ses torts et qu'elle dédommage l'Ukraine sachant que jamais l'Ukraine ne pourra être dédommagée de ses morts, de ses mutilés, de ses violés, de ses trésors culturels détruits. Il y a une lourde confusion entre l'humiliation et la juste condamnation. On l'a vu la propagande russe a fait croire à une Russie humiliée par l'Occident et voilà alors que le peuple ukrainien est lui humilié et martyrisé, on voudrait éviter une humiliation à la Russie sous prétexte de future relation obligatoire. C'est totalement hors sujet.

La conclusion de ce que nous avons vu est que Poutine est un danger pour l'humanité. Il a eu en France de très nombreux soutiens. il a été présenté comme un homme fort, confondant force et brutalité, comme un formidable joueur d'échecs alors qu'un joueur d'échecs respecte des règles strictes, ce que n'a jamais fait Poutine, qu'aux échecs par définition le mensonge n'est pas une arme, et qu'aux échecs si on gagne en prenant avec sa main tous les pions de son adversaire par la force et que l'on casse l'échiquier avec une masse on n'est pas un formidable joueur d'échecs. Son invasion en Ukraine est effectivement un échec avec des dizaines de milliers de morts, la destruction d'innombrables villes, d'hôpitaux, de musées, d'université, d'écoles, d'habitation, de routes, de structures de vie (eaux, électricité, routes, chemins de fer ...) avec le renforcement de l'OTAN, le renforcement de l'Europe, l'isolement à très long terme de la Russie et l'installation d'une haine féroce contre les Russes même de la part des Russophones d'Ukraine. Du reste je n'ai ni lu, ni entendu d'étonnement à ce que l'on apprend, que les Russes bombardent Donetsk alors que la ville est sous contrôle séparatistes. Est-ce cela venir aux secours des Russophones ? Bombarder leur ville ? Et à propos d'OTAN, Poutine, en plus de sa brutalité et sa cruauté, est soumis au péché d'Ubris, menaçant les USA, mais surtout la Finlande et la Suède si ces pays la rejoignaient, demandes effectives à la suite de l'invasion de l'Ukraine qui aura eu pour effet d'augmenter les frontières communes entre les pays de l'OTAN et la Russie de 1.800 km . Poutine est en échec partout : Russophones qui se sentent maintenant ukrainiens, Europe encore plus unie (reste le cas de la Pologne et de la Hongrie), renforcement de l'OTAN avec son agrandissement et son réveil.

Lorsque ce livre est publié (à plus de 130 jours de guerre) la Russie fait une pause après avoir pris une grande partie du Donbass. Les armes lourdes venant de l'Occident arrivent peu à peu et commencent à faire des dégâts importants, notamment contre la logistique russe avec des armes à plus grande portée - ce qui les met hors d'atteinte - et grande précision. Beaucoup d'analystes après avoir prédit la victoire rapide de la Russie, puis celle un peu plus lente de l'Ukraine, semblent indécis. Ils constatent un écart, selon eux, trop important entre l'armement, la quantité de missiles de la Russie et de l'Ukraine pour que l'Ukraine puisse gagner. C'est se tromper. D'une part la réserve d'hommes en Ukraine est bien plus importante, la motivation n'est pas la même, mais surtout avoir moins de munitions et de missiles, de roquettes si la quantité est suffisante n'est pas un problème. La Russie dilapide ses munitions à tirer sur les infrastructure, les immeubles, les champs même, si l'Ukraine en utilise dix fois moins mais si chaque munition cible un objectif militaire et que la cible est atteinte, l'efficacité tactique est démultipliée et la différence annihilée ou même se renverse. On a l'impression que c'est ce renversement qui a lieu mi juillet.

Ceci dit, en souhaitant que l'Ukraine arrête Poutine, ce danger russe, et ses extraordinairement tragiques conséquences, ont pu prospérer parce que les signes depuis les années 2000 sont restés sans réactions adéquates, parce que des journalistes, des politiques, en fait des complices inconscients, inconscients - incapables de mesurer les conséquences de leurs propos - par leurs paroles et leurs actes ont été co-responsables de l'apathie de l'occident, de son endormissement devant l'évidence, par une sorte d'auto-culpabilité générée par ces, justement, complices inconscients, parce que la haine de l'Occident et de l'Ukraine a été instillée en Russie par une propagande effrénée ces 20 dernières années, à cause d'un peuple dont une grande partie s'est couchée en refusant de voir la vérité, à cause d'une armée quasi monolithique dans sa cruauté et sa technique de dévastation. Depuis la guerre en Moldavie nous étions prévenus. A lire en annexe un extrait de « *La Russie de Poutine* », livre écrit par la plume de « Novaïa Gazeta » en 2004, Anna Politkovskaïa, deux ans avant son assassinat, qui nous avait avertis. Extrait publié par *LeMonde* le 8 mai 2022.

A méditer :
Tacite *La Germanie* : Là où il font un désert, ils disent qu'ils ont instauré la paix.

Tribune de Timofeï Sergueïtsev publiée le dimanche 3 avril 2022 (Agence officielle RIA Novosti)

En avril de l'année dernière, nous avons écrit sur l'inévitabilité de la dénazification de l'Ukraine. Nous n'avons pas besoin d'une Ukraine nazie, bandériste [en référence au dirigeant nationaliste ukrainien Stepan Bandera, mort en 1959 à Munich], ennemie de la Russie et instrument de l'Occident pour détruire la Russie. Aujourd'hui, la question de la dénazification est passée au plan pratique.

La dénazification est nécessaire lorsqu'une partie importante du peuple - très probablement sa majorité - est maîtrisée et entraînée par le régime nazi dans sa politique. C'est-à-dire lorsque l'hypothèse « le peuple est bon - le gouvernement est mauvais » ne fonctionne pas. La reconnaissance de ce fait est la base de la politique de dénazification, de toutes ses activités, et le fait lui-même constitue son objet.

L'Ukraine se trouve dans une telle situation. Le fait que les électeurs ukrainiens aient voté pour la "paix de Porochenko" et la "paix de Zelensky" ne doit pas induire en erreur : les Ukrainiens étaient tout à fait satisfaits de la voie la plus courte vers la paix, celle de la guerre éclair, à laquelle les deux derniers présidents ukrainiens ont fait allusion de manière transparente lors de leur élection. C'est précisément cette méthode de "pacification" des antifascistes internes - par la terreur totale - qui a été utilisée à Odessa, Kharkov, Dnepropetrovsk, Mariupol et dans d'autres villes russes. Et cela convenait très bien au citoyen ukrainien moyen. La dénazification est un ensemble de mesures à l'égard de la masse nazie de la population, qui ne peut techniquement pas être directement poursuivie au nom des crimes de guerre.

Les nazis qui ont pris les armes doivent être détruits autant que possible sur le champ de bataille. Il ne faut pas faire de distinction significative entre les forces armées ukrainiennes et les forces dites de sécurité nationale, ainsi que les milices de défense territoriale qui ont rejoint ces deux types de formations militaires. Tous sont également engagés dans une cruauté scandaleuse contre les civils, également responsables du génocide du peuple russe, et ils ne respectent pas les lois et coutumes de la guerre. Les criminels de guerre et les nazis actifs doivent être punis de manière exemplaire. Il faut procéder à un nettoyage total. Toutes les organisations qui se sont liées à la pratique du nazisme doivent être éliminées et interdites. Cependant, en plus des hauts gradés, une partie importante des masses populaires qui sont des nazis passifs, des collaborateurs du nazisme, sont également coupables. Ils ont soutenu le gouvernement nazi et se sont montrés indulgents à son égard. Une punition juste pour cette partie de la population n'est possible qu'en supportant les charges inévitables d'une guerre juste contre le système nazi, menée aussi discrètement que possible contre des civils. La dénazification ultérieure de cette masse de la population consiste en une rééducation, qui est réalisée par une répression idéologique (suppression) des attitudes nazies et une censure sévère : non seulement dans la sphère politique, mais nécessairement aussi dans la sphère de la culture et de l'éducation. C'est par la culture et l'éducation qu'a été préparée et mise en œuvre la profonde nazification de masse de la population, consolidée par la promesse des dividendes de la victoire du régime nazi sur la Russie, la propagande nazie, la violence et la terreur internes, et la guerre de huit ans avec le peuple nazi ukrainien rebelle du Donbass.

La dénazification ne peut être effectuée que par le vainqueur, ce qui suppose son contrôle inconditionnel du processus de dénazification et le pouvoir d'assurer ce contrôle. A ce titre, le pays dénazifié ne peut être souverain. L'État dénazifiant - la Russie - ne peut pas procéder à une approche libérale de la dénazification. L'idéologie du dénazificateur ne peut être contestée par le coupable en cours de dénazification. (...) La durée de la dénazification ne peut en aucun cas être inférieure à une génération, celle qui va naître, grandir et mûrir dans les conditions de la dénazification. La nazification de l'Ukraine dure depuis plus de 30 ans - depuis au moins 1989, lorsque le nationalisme ukrainien a acquis des formes légales et légitimes d'expression politique et a conduit le mouvement pour "l'indépendance" vers le nazisme.

La particularité de l'Ukraine nazifiée moderne est sa nature amorphe et ambivalente, qui permet de déguiser le nazisme en aspirations à l'"indépendance" et à une voie "européenne" (occidentale, pro-américaine) de "développement" (en réalité, de dégradation). Il n'y a pas de parti nazi principal, pas de Führer, et pas de lois raciales à part entière (seulement une version dépouillée sous la forme d'une répression de la langue russe). Par conséquent, il n'y a pas d'opposition ni de résistance au régime. Cependant, tout ce qui précède ne fait pas du nazisme ukrainien une "version allégée" du nazisme allemand de la première moitié du vingtième siècle. Au contraire - comme le nazisme ukrainien est libéré de ces cadres et restrictions de "genre" (technologie politique par essence), il se déploie librement comme la base fondamentale de tout nazisme - comme le racisme européen et, dans sa forme la plus développée, américain. Par conséquent, la dénazification ne peut pas être réalisée de manière compromettante, sur la base d'une formule telle que "OTAN - non, UE - oui". L'Occident collectif est lui-même le concepteur, la source et le sponsor du nazisme ukrainien, tandis que les cadres occidentaux de Bandera et leur "mémoire historique" ne sont qu'un des outils de la nazification de l'Ukraine. L'ukronazisme n'est pas moins une menace pour la paix et la Russie que le nazisme allemand ne l'était avec Hitler.

Le nom "Ukraine" ne peut pas être retenu comme celui d'une formation étatique entièrement dénazifiée sur un territoire libéré du régime nazi. Les républiques populaires nouvellement créées sur les territoires libérés par les nazis doivent naître et naîtront de la pratique de l'autonomie économique et de la protection sociale, de la reconstruction et de la modernisation des systèmes de survie de la population. Leurs aspirations politiques ne peuvent en effet pas être neutres - la rédemption de la culpabilité envers la Russie pour l'avoir traitée comme un ennemi ne peut se réaliser que dans la dépendance de la Russie dans les processus de reconstruction, de régénération et de développement. Aucun "plan Marshall" pour ces territoires ne devrait être autorisé. Il ne peut y avoir de "neutralité" au sens idéologique et pratique compatible avec la dénazification. Les cadres et les organisations qui sont les instruments de la dénazification dans les nouvelles républiques dénazifiées ne peuvent que compter sur le pouvoir direct et le soutien organisationnel de la Russie.

La dénazification sera inévitablement une désukrainisation - un rejet de l'inflation artificielle à grande échelle de la composante ethnique de l'auto-identification de la population des territoires de la Malorossia et de la Novorossia historiques, que les autorités soviétiques ont entamée. Outil de la superpuissance communiste, l'ethnocentrisme artificiel n'est pas resté orphelin après la chute du communisme. Dans cette capacité de service, elle a été reprise par une autre superpuissance (pouvoir sur les États) - la superpuissance de l'Occident. Il doit être rendu à ses limites naturelles et dépouillé de sa fonctionnalité politique.

Contrairement, par exemple, à la Géorgie et aux pays baltes, l'Ukraine, comme l'histoire l'a montré, ne peut pas exister en tant qu'État-nation, et les tentatives de "construction" d'un tel État mènent inévitablement au nazisme. L'ukrainisme est une construction artificielle anti-russe sans contenu civilisationnel propre, un élément subordonné à une civilisation étrangère. La « débandérisation » en soi ne suffira pas à la dénazification - l'élément banderiste n'est qu'un écran un déguisement pour le projet européen de l'Ukraine nazie, de sorte que la dénazification de l'Ukraine est aussi son inévitable déseuropéanisation.

L'élite bandériste doit être éliminé, il est impossible de la rééduquer. Le "marigot" social qui l'a soutenue activement et passivement par son action et son inaction doit assimiler l'expérience de la guerre comme une leçon historique et une expiation de sa culpabilité. Ceux qui n'ont pas soutenu le régime nazi, qui ont souffert de celui-ci et de la guerre qu'il a déclenchée dans le Donbass, doivent être consolidés et organisés, doivent devenir le soutien du nouveau gouvernement. (...)

La dénazification en tant que but de l'opération militaire spéciale elle-même est comprise comme une victoire militaire sur le régime de Kiev, la libération des territoires des partisans armés de la nazification, l'élimination des nazis intransigeants, la capture des criminels de guerre et la création des conditions systémiques pour une dénazification ultérieure en temps de paix. Ces derniers, à leur tour, devraient commencer par l'organisation d'organes locaux d'autonomie, de police et de défense nettoyés des éléments nazis, en lançant sur leur base les processus de fondation du nouvel État, en intégrant cet État en étroite coopération avec l'agence russe de dénazification (nouvellement créée ou refaite, disons, à partir de Rossotrudnichestvo), avec l'adoption sous contrôle russe d'un cadre réglementaire pour la dénazification, en définissant les limites et les cadres directement. À cet égard, la Russie devrait agir comme un gardien du processus de Nuremberg.

Tout ce qui précède signifie que pour atteindre les objectifs de dénazification, il est nécessaire de soutenir la population, de la faire passer en Russie après l'avoir libérée de la terreur, de la violence et de la pression idéologique du régime de Kiev, après l'avoir sortie de l'isolement informationnel. Bien sûr, il faudra un certain temps pour que les gens se remettent du choc de l'action militaire et soient convaincus des intentions à long terme de la Russie. Il est impossible de prévoir à l'avance dans quels territoires cette masse de population constituera une majorité indispensable. "La province catholique" (l'Ukraine occidentale, qui comprend cinq régions) a peu de chances de faire partie des territoires pro-russes. La ligne d'exclusion, cependant, sera trouvée expérimentalement. Une Ukraine hostile à la Russie, mais neutre et démilitarisée par la force, avec un nazisme formellement interdit, restera derrière elle. Les personnes qui détestent la Russie vont y aller. Une garantie que cette Ukraine résiduelle restera neutre devrait être la menace d'une poursuite immédiate de l'opération militaire si les exigences énumérées ne sont pas satisfaites. Cela nécessiterait probablement une présence militaire russe permanente sur son territoire. (...)

L'opération de dénazification de l'Ukraine, qui a commencé par une phase militaire, poursuivra en temps de paix la même logique d'étapes qu'une opération militaire. À chacune d'elles, des changements irréversibles devront être réalisés, qui seront les résultats de l'étape correspondante. Les étapes initiales nécessaires de la dénazification peuvent être définies comme suit :

Liquidation des formations armées nazies (nous entendons par là toutes les formations armées d'Ukraine), ainsi que de l'infrastructure militaire, informationnelle et éducative qui assure leur activité ;

La formation d'un gouvernement populaire autonome et d'une police (défense et ordre public) dans les territoires libérés afin de protéger la population de la terreur des groupes nazis clandestins ;

L'installation d'un espace d'information russe ;

Retrait du matériel pédagogique et interdiction des programmes éducatifs à tous les niveaux qui contiennent des attitudes idéologiques nazies ;

Des enquêtes de masse visant à établir la responsabilité personnelle pour les crimes de guerre, les crimes contre l'humanité, la diffusion de l'idéologie nazie et le soutien au régime nazi ;

Épuration, divulgation des noms des collaborateurs du régime nazi et de leur travail forcé pour reconstruire les infrastructures détruites en punition de leurs activités nazies (parmi ceux qui ne seront pas soumis à la peine de mort ou à l'emprisonnement) ;

Adoption au niveau local, sous l'autorité de la Russie, des principaux actes réglementaires de dénazification "par le bas", interdisant toute sorte et forme de renaissance de l'idéologie nazie ;

La création de mémoriaux, de monuments commémoratifs et de monuments aux victimes du nazisme ukrainien et la perpétuation du souvenir des héros qui l'ont combattu ;

L'inclusion d'un ensemble de normes anti-fascistes et de dénazification dans les constitutions des nouvelles républiques populaires ;

Création d'organismes permanents de dénazification pour une période de 25 ans.

La Russie n'aura pas d'alliés dans la dénazification de l'Ukraine, puisqu'il s'agit d'une affaire purement russe, et aussi parce que ce n'est pas seulement la « version Bandera » de l'Ukraine nazie qui sera éradiquée, mais aussi et surtout le totalitarisme occidental, les programmes imposés de dégradation et d'effondrement des civilisations, les mécanismes de subordination à la superpuissance de l'Occident et des États-Unis.

Afin de mettre en œuvre le plan de dénazification de l'Ukraine, la Russie elle-même devra finalement renoncer à ses illusions pro-européennes et pro-occidentales, se réaliser comme la dernière instance de protection et de préservation de ces valeurs de l'Europe historique (Vieux Monde), que l'Occident a finalement abandonnées. Cette lutte s'est poursuivie tout au long du vingtième siècle et s'est manifestée par la guerre mondiale et la révolution russe, inextricablement liées l'une à l'autre.

La Russie a fait tout ce qu'elle pouvait pour sauver l'Occident au vingtième siècle. Elle a réalisé le principal projet occidental, l'alternative au capitalisme qui a vaincu les États-nations - le projet socialiste, rouge. Elle a écrasé le nazisme allemand, rejeton monstrueux de la crise de la civilisation occidentale. Le dernier acte d'altruisme russe a été la main tendue de l'amitié, pour laquelle la Russie a reçu un coup monstrueux dans les années 1990.

Tout ce que la Russie a fait pour l'Occident, elle l'a fait à ses propres frais, en faisant les plus grands sacrifices. L'Occident a fini par rejeter tous ces sacrifices, a dévalorisé la contribution de la Russie à la résolution de la crise occidentale et a décidé de se venger de la Russie pour l'aide qu'elle a fournie de manière désintéressée. À partir de maintenant, la Russie suivra sa propre voie, sans se soucier du sort de l'Occident, en s'appuyant sur une autre partie de son héritage : le leadership dans le processus de décolonisation mondiale.

Dans le cadre de ce processus, la Russie a un fort potentiel de partenariats et d'alliances avec des pays que l'Occident a opprimés pendant des siècles et qui n'ont aucune intention de remettre leur joug. Sans le sacrifice et la lutte des Russes, ces pays n'auraient pas été libérés. La dénazification de l'Ukraine est en même temps sa décolonisation, un fait que la population ukrainienne doit comprendre lorsqu'elle commence à se libérer des fantômes, des tentations et des dépendances du soi-disant choix européen.

Extrait de *La Russie de Poutine* en français chez Buchet-Chastel (2005) Anna Politkovskaïa.

Longtemps je me suis demandé ce qui a provoqué ma révolte féroce contre Poutine. Pourquoi l'ai-je pris en grippe au point d'écrire un livre. Pourtant je ne suis pas son opposant ni son adversaire politique, je suis tout simplement une citoyenne vivant en Russie. Je ne suis qu'une Moscovite de 45 ans, c'est-à-dire que j'ai connu l'Union soviétique à l'époque du point culminant de sa décadence communiste des années 1970-1980 et je n'ai pas du tout envie de me retrouver de nouveau à cette période…

Je mets un point final à mon livre ce 6 mai 2004, précisément ce 6 mai. Demain tout sera fini. Les élections du 14 mars n'ont pas donné lieu au miracle de la contestation de leur résultat ; l'opposition a tout accepté et s'est soumise. C'est pourquoi demain est le jour de la cérémonie d'investiture de Poutine II, élu président par une folle majorité de voix de ses concitoyens – plus de 70 % ; et même si on soustrait 20 % de voix ajoutées par les fraudes, il y en a tout à fait assez pour la présidence en Russie.

Il ne reste que quelques heures, le 7 mai 2004 va arriver, et Poutine, ce lieutenant colonel-type du KGB soviétique, aux vues étroites provinciales, typiques d'un lieutenant-colonel, à l'aspect quelconque d'un lieutenant-colonel n'ayant même pas pu s'élever au grade de colonel, au comportement d'un officier des services secrets soviétiques habitué à épier ses propres camarades, rancunier (aucun opposant politique, aucun parti ne marchant pas au pas avec Poutine n'ayant été invité à la cérémonie d'investiture), ce petit personnage tel un Akaki Akakievitch, du Manteau de Gogol, [ce personnage insignifiant] va monter... sur le trône.

Apathie de la société

Le grand trône de Russie. Brejnev ne nous arrangeait pas. Andropov nous a paru sanguinaire quoique avec un badigeon de démocratie. Tchernenko était bête. Gorbatchev ne plaisait pas. Eltsine nous obligeait de temps en temps à nous signer par peur des conséquences de ses décisions... Et voici le résultat. Demain, 7 mai, ce garde du corps du vingt-cinquième échelon dont la place est dans le cordon qui retient les foules quand passe le cortège des grands de ce monde, cet Akaki Akakievitch Poutine foulera les tapis rouges des salles du trône du Kremlin. Comme s'il en était vraiment le maître. On verra scintiller tout autour les ors royaux, les valets souriront servilement, les compagnons, tous des petits gradés du KGB ayant reçu leurs postes importants sous Poutine, les compagnons se mettront au garde à vous...

(...)

La revanche soviétique est devenue évidente avec la venue et la prise de pouvoir de Poutine. Avouons que c'est arrivé non seulement à cause de notre négligence et de l'apathie causée par la fatigue de nos éternelles révolutions. C'est arrivé sous les cris de bienvenue de l'Occident. Premièrement de Silvio Berlusconi [président du Conseil italien], le quasi-amoureux de Poutine et son principal avocat en Europe. Mais aussi de Tony Blair [le premier ministre britannique], Gerhard Schröder [le chancelier allemand], Jacques Chirac [le chef de l'Etat français], sans oublier le fils Bush [le président des Etats-Unis]. Aucun obstacle ne se dressait devant l'entrée de notre tchékiste [surnom toujours donné aux agents de la police politique ; anciennement Tchéka de 1917 à 1922] au Kremlin. Ni l'Occident. Ni une opposition importante à l'intérieur du pays.

(...)

Petite digression : pour ne plus parler de Poutine mais de nous autres, le public russe. Les pro-Poutine, les gens qui le poussent en avant, qui ont intérêt à le voir monter pour la seconde fois sur le trône, les gens qui constituent aujourd'hui l'administration du président qui dirige de facto le pays et non pas le gouvernement (simple exécutant de la volonté du président), ni le Parlement (qui produit les lois voulues par le président), ces gens suivent avec beaucoup d'attention la réaction du public. C'est faux de penser qu'ils s'en fichent.

Et de constater : les responsables de tout ce qui se passe, c'est nous. Nous d'abord. Pas Poutine. Notre attitude vis-à-vis de Poutine, qui se moque cyniquement de la Russie, notre attitude, qui se limite à des « bavardages de cuisine », a permis à Poutine de transformer sans entrave le pays durant les quatre dernières années. L'apathie dont fait preuve la société est incommensurable. Et elle est une indulgence pour Poutine pour les quatre années à venir. Nous avons réagi à ses actions et à ses discours non seulement avec mollesse, mais avec peur. Et cette peur qui est la nôtre, nous l'avons montrée aux tchékistes, enracinés dans le pouvoir. Et cela n'a fait que renforcer leur désir de nous traiter comme du bétail.
Nature criminelle
Le KGB ne respecte que les forts, il dévore les faibles. N'est-ce pas à nous de le savoir ? Et pourtant, pour la plupart, nous nous sommes montrés faibles et avons été écrasés. Pour le tchékiste soviétique, notre peur, c'est du miel. Il n'y a pas de meilleur cadeau pour lui que de voir trembler les foules, qu'il doit soumettre à sa volonté. (…) Poutine a plus d'une fois montré en public qu'il ne comprend pas en principe ce qu'est une discussion. Surtout une discussion politique. Selon Poutine, un subordonné ne doit pas discuter avec son supérieur. Un subordonné qui se le permet est un ennemi.

Poutine se comporte de cette manière non pas délibérément, non pas parce qu'il est un tyran ou un despote né. Il a été élevé de cette façon. C'est ce qu'on lui a appris au KGB et il considère ce système comme idéal, ce qu'il a déclaré publiquement plus d'une fois. C'est pourquoi dès qu'on n'est pas d'accord avec lui, Poutine exige catégoriquement d'« arrêter l'hystérie ». C'est ce qui explique son refus des débats préélectoraux ; ce n'est pas son élément, il n'en est pas capable, il ne sait pas mener un dialogue. Il est exclusivement un « monologueur ». Selon le modèle militaire, tant qu'on est un inférieur on est obligé de se taire, mais une fois devenu un supérieur, on peut se contenter de monologuer et tous les « subordonnés » sont obligés de faire semblant d'être d'accord. Une sorte de bizutage idéologique, qui se transforme parfois, comme cela s'est produit avec Khodorkovski [l'ancien fondateur et PDG de la compagnie pétrolière Ioukos a été emprisonné dix ans à partir de 2003], en extermination physique ou en évincement).

(…)

Des situations tragiques

Pourquoi ai-je pris Poutine en grippe ? Parce que les années passent. Cet été, cela fera cinq ans que dure la deuxième guerre tchétchène qui a commencé pour que Poutine devienne président la première fois. Et on n'en voit pas la fin. (…) AUCUN des meurtres d'enfants qui ont eu lieu lors des bombardements et des épurations depuis 1999 n'a été résolu, les meurtriers n'ont pas pris la place sur le banc des accusés. Poutine n'a jamais exigé d'enquête bien qu'on dise de lui qu'il adore les enfants (…) Pourquoi ai-je pris Poutine en grippe ? Pour tout cela. Pour sa nature criminelle. Pour son cynisme. Son racisme. Pour la guerre éternelle. Pour le mensonge. Pour le gaz répandu dans la salle du Théâtre Doubrovka [en octobre 2002, la prise d'otages à Moscou par un commando islamiste tchétchène s'achève avec l'emploi d'un gaz mortel par les forces russes] qui a tué tant de monde [130 personnes]. Pour tous les innocents tués au long de tout son premier mandat. Des morts dont on aurait très bien pu se passer. (…)

Après avoir reçu par hasard un pouvoir énorme, Poutine en a disposé avec des conséquences catastrophiques pour la Russie. Je ne l'aime pas parce qu'il n'aime pas les êtres humains. Il ne nous supporte pas. Il nous méprise. Il nous considère comme un simple moyen pour lui, et rien de plus. Le moyen d'atteindre ses objectifs personnels de pouvoir. C'est pourquoi il peut faire de nous tout ce qu'il veut, jouer à sa guise. Nous exterminer selon son caprice. Nous ne sommes rien. Et lui, bien qu'étant accidentellement monté si haut, il est maintenant notre tsar et notre dieu ; nous devons l'adorer et le craindre.

Printed in Poland
by Amazon Fulfillment
Poland Sp. z o.o., Wrocław

92636649R00060